Dennis Julius Broich

Mitarbeiterbindung in KMU

Analyse von Instrumenten und Maßnahmen

Broich, Dennis Julius: Mitarbeiterbindung in KMU: Analyse von Instrumenten und Maßnahmen, Hamburg, Igel Verlag RWS 2015

Buch-ISBN: 978-3-95485-317-5
PDF-eBook-ISBN: 978-3-95485-817-0
Druck/Herstellung: Igel Verlag RWS, Hamburg, 2015

Bibliografische Information der Deutschen Nationalbibliothek:
Die Deutsche Nationalbibliothek verzeichnet diese Publikation in der Deutschen
Nationalbibliografie; detaillierte bibliografische Daten sind im Internet über
http://dnb.d-nb.de abrufbar.

© Igel Verlag RWS, Imprint der Diplomica Verlag GmbH
Hermannstal 119k, 22119 Hamburg
http://www.diplomica.de, Hamburg 2015
Printed in Germany

Inhaltsverzeichnis

Abkürzungsverzeichnis

Abb.	Abbildung
BGM	Betriebliches Gesundheitsmanagement
Bsp.	Beispiel
bspw.	beispielsweise
bzw.	beziehungsweise
CSR	Corporate Social Responsibility
EU	Europäische Union
i.d.R.	in der Regel
IfM	Institut für Mittelstandsforschung
IT	Informationstechnik
KMU	Kleine und Mittlere Unternehmen
Mio.	Millionen
o. S.	ohne Seite
SME	small and medium sized enterprises
sog.	sogenannte
u.a.	unter anderem, und andere
vgl.	vergleiche
z.B.	zum Beispiel

Symbolverzeichnis

€	Euro
%	Prozent
&	und

Abbildungs- und Tabellenverzeichnis

1 Einleitung

1.1 Problemstellung

Mittelständische Unternehmen gelten innerhalb der deutschen Unternehmenslandschaft als tragende Stütze für die gesamte Wirtschaftsleistung in der Bundesrepublik Deutschland. Kleine und mittlere Unternehmen (KMU) werden von der Politik, den Institutionen und der Literatur stets getrennt von Großunternehmen betrachtet, da sich der Mittelstand durch seine besondere Charakteristik deutlich von diesen unterscheidet. Insbesondere dieser Gruppe von Unternehmen stehen jedoch seit einigen Jahren eine Vielzahl von Herausforderungen bei der Ausübung ihrer Unternehmertätigkeit und der damit einhergehenden Erhaltung ihrer Wettbewerbsfähigkeit gegenüber. Zu diesen Herausforderungen zählen neben den allgemeinen Veränderungen von Wertmaßstäben, ein zunehmender Wettbewerbsdruck sowie der strukturelle und demografische Wandel in Deutschland. Begriffe wie „Fachkräftemangel" oder „War for Talents" sind in diesem Zusammenhang häufig gewählte Schlagworte innerhalb der Fachliteratur. Der Rückgang der Bevölkerung und die Anpassung des Renteneintrittsalters werden in den kommenden Jahren dazu führen, dass der Anteil an jungen qualifizierten Fachkräften auf dem Arbeitsmarkt abnimmt. Hierdurch entsteht ein Nachfrageüberhang an Arbeitskräften. Die Globalisierung und die damit einhergehende immer schnellere Einführung von neuen Technologien lässt zugleich die Anforderungen an die Mitarbeiter und Mitarbeiterrinnen steigen. Weiter sind mittelständische Unternehmen häufig weniger attraktiv für junge Fachkräfte als große internationale Unternehmen, was dazu führt, dass die KMU insbesondere durch Eigenkündigungen der Mitarbeiter gefordert sind besonders auf sich aufmerksam machen zu müssen, um im Kampf gegen den Fachkräftemangel zu punkten.[1] In der Literatur wird unterstellt, dass Großunternehmen bei der Gewinnung und Bindung von Fach- und Führungskräften besser gestellt sind.[2] Überlegungen zur Betreuung des Personals oder überhaupt zum allgemeinen Umgang mit dem Arbeitsklima finden in KMU häufig parallel zum Tagesgeschäft statt, was dazu führt, dass wesentliche Inhalte der Personalarbeit und deren Problematik nicht oder nur unzureichend beachtet werden. Des Weiteren mangelt es in den Unternehmen häufig an Erfahrungswerten und Know-how im Umgang mit einer professionellen Personalarbeit und seinen Instrumenten. Unter Berücksichtigung des demografi-

---

[1] Vgl. Haubold, A-K. et al. (2014), S. 117.
[2] Vgl. Gertz, W. (2012), S. 18-21.

schen Wandels entstehen daher große Herausforderungen für diese Unternehmen, die darin bestehen, die eigenen Mitarbeiter[3] langfristig an sich zu binden. Ohne Unterstützung von Außen scheint diese Problematik jedoch nicht erfolgreich zu bewältigen zu sein. Für die Unternehmen ergibt sich daher die Frage: Wie können mittelständische Unternehmen vor dem Hintergrund des demografischen Wandels ihren Bedarf an Fach- und Führungskräften mit der Hilfe professioneller Personalarbeit und deren unterschiedlichen Theorien, Maßnahmen und Instrumenten aus den Bereichen des Personalmarketings decken? In der Fachliteratur existieren hierzu verschiedene Modelle und Denkansätze, jedoch wird eine Auswahl durch die Besonderheiten der Personalarbeit in mittelständischen Unternehmen erschwert, denn nicht alle Maßnahmen sind in der Praxis umsetzbar bzw. ökonomisch sinnvoll. Aufbauend auf dem Grundgedanken, dass der Mensch die wichtigste Ressource für ein Unternehmen darstellt, müssen die KMU erkennen, dass es erforderlich ist, sich mit den Konsequenzen, die aus der bisher mangelnden Beachtung der Personalarbeit resultieren, auseinanderzusetzen. Die Folge aus dieser Erkenntnis sollte daher sein, gezielte Maßnahmen auf Grundlage ihrer besonderen Charakteristika abzuleiten und dabei die strukturellen Stärken und Schwächen zu berücksichtigen und diese kurzfristig in die Unternehmensabläufe zu integrieren, um langfristig ihre Wettbewerbsfähigkeit erhalten zu können.

1.2 Ziel der Untersuchung

Vor dem Hintergrund der wachsenden Herausforderungen für die KMU soll diese Untersuchung dazu beitragen, den Mittelstand für das Thema der Personalarbeit zu sensibilisieren. Zudem soll ein Verständnis dafür gelegt werden, sich eingehender mit Maßnahmen und Instrumenten aus dem Bereich des Personalmarketings mit dem Fokus auf die Mitarbeiterbindung auseinanderzusetzen. Befragungen im Rahmen der Studien „Talent Management im Mittelstand" von Ernst & Young aus dem Jahr 2011/2012, „Recruiting Trends im Mittelstand" aus dem Jahre 2013 und der Studie „HR-Trends im Mittelstand" aus dem Jahre 2014 bestätigen, dass der Mitarbeiterbindung in mittelständischen Unternehmen eine sehr große Bedeutung zugewiesen wird.[4] In der vorliegenden Untersuchung soll aufzeigt werden, welche Maßnahmen und Instrumente Lösungsansätze versprechen und wie ein mittelständisches

---

[3] Aufgrund der besseren Lesbarkeit wird in der vorliegenden Arbeit die maskuline Form verwendet. Die feminine Form sei dabei stets mitberücksichtigt.

[4] Vgl. Englisch, P. et al. (2011), S. 36; Eckhardt, A. et al. (2013), S. 23; QRC Group (2014), S. 12.

Unternehmen zukünftig im Kampf um die eigenen Mitarbeiter wettbewerbsfähig bleiben kann. Des Weiteren sollen die Wirkungen dargestellt werden, die durch den Einsatz von gezielten Maßnahmen der Personalarbeit möglich sind. Daraus kann abgeleitet werden, welche Stärken und Schwächen bei der langfristigen Bindung von Mitarbeitern an das Unternehmen, virulent sind. Hierüber hinaus soll der Schwerpunkt dieses Buches auf der Bewertung von Maßnahmen liegen, die neben der Praxisnähe auch einen Mehrwert für die KMU beinhalten. Zu berücksichtigen ist hierbei, dass die speziellen Kenntnisse und der professionelle Einsatz von Instrumenten innerhalb dieser Unternehmen nicht in gleichem Umfang vorhanden sind, wie es bei Großunternehmen der Fall ist.[5] Durch die ständige Berücksichtigung der Besonderheiten von KMU soll aufgezeigt werden, welche Maßnahmen unter Erwägung der Chancen und Risiken bestmöglich umsetzbar erscheinen. Die Summe der Erkenntnisse sollen abschließend in einer praxisorientierten Handlungsempfehlung dargestellt werden, um zu verdeutlichen, wie einzelne Maßnahmen zur Mitarbeiterbindung umgesetzt werden können.

1.3 Methodik der Untersuchung

Grundlage dieser Untersuchung bildet die quantitative und qualitative Datenerhebung aus spezieller Fachliteratur und verschiedener Studien von Wirtschaftsinstitutionen zum Thema der Mitarbeiterbindung im Mittelstand und deren Analyse. Schwerpunkt bildet die Studie „HR-Trends Mittelstand" der QRC-Group aus dem Jahr 2014. Diese beinhaltet qualitative Daten aus der Befragung von KMU und zeigt auf, welche Maßnahmen und Instrumente im Rahmen von verschiedenen Handlungsbereichen im Mittelstand bereits eingesetzt werden und welche besonders geeignet erscheinen, um ihre Mitarbeiter an das Unternehmen zu binden. Zu Beginn dieser Untersuchung sind zunächst einige theoretische Grundlagen zu erläutern. Hierzu zählt neben der Definition des Begriffes „Mitarbeiterbindung" ein kritischer Vergleich von ausgewählten Theoriemodellen zur Bindung von Mitarbeitern. Organisationales Commitment, die Theorie der sozialen Identität sowie die Transaktionskostentheorie. Die Rückschlüsse, die aus dem Vergleich gezogen werden können, sollen zu einer Synthese führen, welche für die Analyse und Bewertung von Maßnahmen zur Mitarbeiterbindung im Mittelstand hilfreich sein können. Die Maßnahmen sind, neben der flexiblen Arbeitszeit, Teilzeitan-

---

[5] Vgl. de Kok, J. et al. (2006), S. 442ff.

gebote sowie ein gutes Betriebsklima. Die Evaluation findet mit Hilfe der Likert-Skala statt, die als Skalenmaß zur Einstellungsmessung, als auch zur kriteriengeleiteten Bewertung einsetzbar ist. Die Kriterien, die für die Bewertung den Ausschlag geben, sind zum Einen die Wirkung auf die Mitarbeiterbindung in KMU, die Wirkung der Maßnahmen auf die Mitarbeiter sowie der mit dem Einsatz verbundene organisatorische und finanzielle Aufwand innerhalb von KMU. Die Ergebnisse werden in die Handlungsempfehlung mit einbezogen. Das Fazit soll einen Ausblick auf mögliche weitere Themengebiete geben, die im Zusammenhang mit planerischen Maßnahmen in mittelständischen Unternehmen stehen. Im Vorfeld ist jedoch eine genaue Betrachtung des Begriffes „Mittelstand" ebenso notwendig, wie die Beachtung der speziellen Situation der Personalarbeit in KMU. Beginnend mit dem folgenden Kapitel soll mittels der Definitionen der Europäischen Union sowie des Institutes für Mittelstandsforschung aus Bonn zunächst die besondere Charakteristik von KMU durch quantitative und qualitative Merkmale verdeutlicht werden.

2 Mittelständische Unternehmen

Der deutsche Mittelstand wird durch die Politik und Institutionen häufig als Innovationskraft und Wachstumsmotor bezeichnet. Die deutsche Wirtschaft wird durch die Vielzahl von kleinen und mittleren Unternehmen geformt. Diese Unternehmen sind durch ihre lokale und regionale Verankerung ein fundamentaler Faktor der markwirtschaftlichen Demokratie.[6] Im Jahr 2012 zählten 99,6% aller Unternehmen in Deutschland, welche Umsätze aus Lieferungen und Leistungen generierten und sozialversicherungspflichtige Mitarbeiter beschäftigten, zum deutschen Mittelstand. Diese Unternehmen setzten 35,3% aller getätigten Umsätze in Deutschland um. Nahezu 60% aller sozialversicherungspflichtigen Angestelltenverhältnisse sind im Mittelstand verankert, wie in Abbildung 1 zu erkennen ist. Zudem stellten diese Unternehmen etwa 85% aller Ausbildungsplätze. Die besondere volkswirtschaftliche Bedeutung des deutschen Mittelstandes wird zudem an der Wirtschaftsleistung deutlich. Hier generierten die Unternehmen einen Anteil von 18% des gesamten Exportumsatzes sowie 56,5% der gesamten Wirtschaftsleistung.[7]

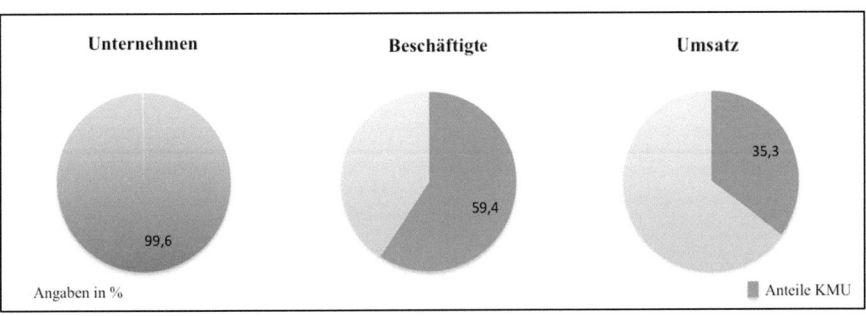

Abbildung 1: Anteile der KMU 2012 nach der Definition des IfM Bonn
[Quelle: Eigene Abbildung nach: IfM Bonn (2014), o. S.]

2.1 Definition und Grundlagen

Grundlegend ist anzumerken, dass der Begriff des „wirtschaftlichen Mittelstandes" eine Kennzeichnung im deutschsprachigen Raum darstellt, in anderen Ländern wird von kleinen und mittleren Unternehmen bzw. „small and medium sized enterprises" (SME) gesprochen,

---

[6] Vgl. Krüger, W. (2006), S. 14-15.
[7] Vgl. IfM Bonn (o.J.a), o. S.

wodurch zugleich eine quantitative Eingrenzung von Unternehmen stattfindet. Der Begriff des Mittelstandes fügt jedoch qualitative Merkmale hinzu, indem er neben der ökonomischen Betrachtungsweise den Blickwinkel auch auf politische und gesellschaftliche Merkmale lenkt und diese unter dem Begriff „Mittelstand" miteinander verknüpft.[8] International betrachtet ist der Begriff als deutsches Gütezeichen etabliert und wird daher im Sprachgebrauch nicht übersetzt.[9] Im folgenden Kapitel soll der Begriff „Mittelstand" mittels quantitativer und qualitativer Merkmale betrachtet werden. In der Literatur existiert keine einheitlich allgemeine Definition von KMU oder mittelständischen Unternehmen, was mit der Heterogenität dieser zusammenhängt. Häufig wird eine Einordnung anhand von quantitativen Aspekten vollzogen, was eine Abgrenzung zu Großunternehmen vereinfacht, doch für den Zweck dieser Untersuchung nicht hilfreich und zielführend erscheint. Grundlegend werden daher die in Deutschland gängigen Definitionen der Europäischen Kommission sowie die des Institutes für Mittelstandsforschung aus Bonn (IfM Bonn) zitiert und im Anschluss die notwendigen qualitativen Aspekte und Merkmale ergänzt.

2.1.1 Quantitative Merkmale

Die Europäische Kommission und das Institut für Mittelstandsforschung nutzen für eine Klassifizierung verschiedene Kriterien, um KMU von Großunternehmen abzugrenzen. Nach der Definition der Europäischen Kommission werden KMU quantitativ nach der Anzahl der Beschäftigten, dem Jahresumsatz und der Bilanzsumme voneinander unterschieden. Als weiteres Merkmal wird die wirtschaftliche Unabhängigkeit betrachtet. Diese gilt als erreicht, wenn das zu beurteilende Unternehmen sich nicht mehr als 25% im Besitz von Unternehmen befindet, die ebenfalls nach der Definition der EU Kommission oder des IfM Bonn als KMU eingeordnet werden können. Die Unternehmen werden zudem in vier verschiedene Gruppen eingeordnet, welche in der Tabelle 1 eingesehen werden können. Das Institut für Mittelstandsforschung verwendet eine vergleichbare Einordnung, wie in Tabelle 2 zu sehen ist. Allerdings findet die Unterteilung hier lediglich in drei Gruppen statt. Die Einordnung erfolgt durch die Betrachtung von Mitarbeiteranzahl und Jahresumsatz. Bis zu einer Beschäftigtenanzahl von 499 Mitarbeitern und einem Jahresumsatz von unter 50. Mio. € wird daher immer von KMU gesprochen.

---

[8] Vgl. IfM Bonn (o.J.b), o. S.
[9] Vgl. Goeke, M. (2008), S. 9.

	Mitarbeiter	und	Jahresumsatz	oder	Jahresbilanzsumme
Mikro	1 - 9		>2 Mio. €		> 2 Mio. €
Kleinunternehmen	10 - 49		>10 Mio. €		>10 Mio. €
Mittlere	50 - 249		>50 Mio. €		>43 Mio. €
KMU (Gesamt)	**1 - 250**		**>50 Mio. €**		**>50 Mio. €**

Tabelle 1: KMU Definition der Europäischen Kommission (ab 2005)
[Quelle: Eigene Abbildung nach: IfM Bonn (o.J.c.), o. S.]

	Mitarbeiter	und	Jahresumsatz
Kleinunternehmen	1 - 9		> 1 Millionen €
Mittlere Unternehmen	10 - 499		1 – 50 Millionen €
KMU nach IfM Bonn	**1 - 499**		**< 50 Millionen €**
Großunternehmen	500 >		50 > Millionen €

Tabelle 2: KMU Definition des IfM Bonn (Seit 01.01.2002)
[Quelle: Eigene Abbildung nach: IfM Bonn (o.J.d.), o. S.]

2.1.2 Qualitative Merkmale

Wie zuvor ausgeführt, ist eine rein quantitative Betrachtung des Mittelstandes nicht ausreichend um die Besonderheiten dieser Unternehmen hervorzuheben. Weiterhin wird deutlich, dass es für eine ganzheitliche Beschreibung förderlich erscheint, den Begriff des Familienunternehmens für eine Analyse eingehender zu betrachten, da diese einen gewichtigen Teil der KMU stellen und daher auch die qualitativen Merkmale maßgeblich beeinflussen. Anzumerken ist, dass auch für diese Unternehmen keine einheitliche Definition existiert. Laut des IfM Bonn wird ein Unternehmen als Familienunternehmen bezeichnet, wenn bis zu zwei natürliche Personen oder deren Familienangehörige mehr als 50% der Unternehmensanteile besitzen und in der Unternehmens- bzw. Geschäftsführung vertreten sind. Durch die Ergänzung der quantitativen Attribute von Familienunternehmen entstehen jedoch einige Unklarheiten in der Abgrenzung zu den quantitativen Kriterien aus dem vorgelagerten Kapitel. Nicht jedes Familienunternehmen setzt weniger als

50 Millionen Euro um und zählt daher nach quantitativer Einordnung nicht mehr zu den KMU.[10] In der Praxis bezeichnen sich jedoch auch Unternehmen, welche sich außerhalb dieser Rahmenbedingungen bewegen, als Mittelstand. Für gewöhnlich wollen diese Unternehmen auf gewisse Werte, Strukturen oder Traditionen verweisen.[11]

Es wird deutlich, dass die Übergänge fließend sind. Eine streng definierte Bedeutung des Mittelstandbegriffs ist daher nicht existent und man sollte sich daher in der Regel an jenen Unternehmen orientieren, die sich aus den Definitionen des IfM Bonn für mittelständische- und Familienunternehmen zusammensetzen. Was aber sind die qualitativen Besonderheiten des Mittelstandes? Der deutsche Mittelstand zeichnet sich insbesondere durch qualitative Leistungsattribute aus. Hierzu zählt in erster Linie das zu Zusammenwirken der Kriterien Eigentum, Kontrolle, Haftung und Risiko.[12] Eine Besonderheit nimmt die Person des Eigentümers ein, der die Organisation und Leitung des Unternehmens maßgeblich prägt und das Unternehmen mit finanziellen Mitteln versorgt. Zudem sind Familienmitglieder häufig in die Geschäftstätigkeiten mit eingebunden. Die erwirtschafteten Gewinne fließen in die Unternehmung und dienen zugleich der Existenzsicherung des Eigentümers.[13] In der Fachliteratur findet man zahlreiche weitere Kriterien, die eine deutliche Abgrenzung zu Großunternehmen ersichtlich machen. Der Inhaber trifft seine Entscheidung vielfach alleine und trägt die Verantwortung für das gesamte Unternehmen. In allen Bereichen der Unternehmung sind daher die Einflüsse des Eigentümers direkt spürbar, da ihm eine erhöhte Risikoaversion im Rahmen der Entscheidungsfindung unterstellt wird.[14] Im Kontrast zu managergeführten Unternehmen, welche häufig nur auf den kurzfristigen Erfolg hinarbeiten, steht in mittelständischen Unternehmen der langfristige Unternehmenserfolg und die Existenzsicherung im Vordergrund. Die persönliche Bindung von Geschäftsleitung und Mitarbeitern prägt die Unternehmenskultur. Zudem zeichnen sich die Unternehmen durch Innovationskraft, eine enge Kundenorientierung und ein erhöhtes Maß an Flexibilität aus. Als weitere Besonderheiten im Mittelstand gelten weiter kurze und informelle Wege bei der Kommunikation sowie flache Hierarchien.[15] Das Dienstleistungs- und Produktangebot ist durch einen nur geringen Diversifizierungsgrad gekennzeichnet, was häufig zu einer gewissen Abhängigkeit von Partnern, Lieferanten und Kunden führt. Dem erhöhten operativen Geschäftsrisiko durch Wettbewerb und Nachfrage

---

[10] Vgl. IfM Bonn (o.J.e), o. S.
[11] Vgl. Classen, M., Happich, G. (2013), S. 247-248.
[12] Vgl. Goeke, M. (2008), S. 11-12.
[13] Vgl. Kabst, R., Weber, W. (2000), S. 6.
[14] Vgl. Achleitner, A., Fingerle, C. (2004), S. 9-10.
[15] Vgl. Goeke, M. (2008), S. 12.

stehen jedoch häufig bedeutende Wettbewerbsvorteile gegenüber, welche insbesondere durch die Fokussierung auf Nischenmärkte oder spezielle Produkte entstehen.[16]

2.2 Besonderheiten und Rahmenbedingungen der Personalarbeit im Mittelstand

In der Literatur werden mittelständische Unternehmen häufig mit Großunternehmen verglichen um die besonderen Rahmenbedingungen der Personalarbeit zu erläutern. Für die verschiedenen Bereiche, welche betrachtet werden sollen, spielt dabei die Unternehmensgröße immer wieder eine entscheidende Rolle. Im Allgemeinen unterscheiden sich die Aufgaben eines Personalmanagements im Mittelstand von denen in einem Großunternehmen nicht. Allerdings gelten für ein Personalmanagement in KMU andere Rahmenbedingungen denen Beachtung geschenkt werden sollte. Im Vergleich zu Großunternehmen weist der Mittelstand strukturbedingte Mängel bei der Implementierung eines strategisch ausgerichteten Personalmanagements auf. Zudem wird KMU ein mangelndes Interesse an fachgerechten personalpolitischen Prozessen und Abläufen unterstellt. Diese Aussagen lassen sich jedoch auf die nicht präsente Aktivität von Instrumenten aus dem Personalbereich zurückführen.[17] Die Höhe der gezahlten Löhne, Gehälter und Sozialleistungen fällt geringer aus als in Großunternehmen, was auch damit zusammenhängt, dass KMU häufig keiner Tarifgemeinschaft angehören.[18] Brisant ist in diesem Zusammenhang, dass die mittelständischen Unternehmen gegenüber Großunternehmen nicht oder nur begrenzt über die personellen oder finanziellen Mittel für eine Umsetzung verfügen.[19] Unter dem Begriff „Personalmanagement" wird zumeist reine Personalverwaltung betrieben. Hierzu zählen neben der Erstellung von Gehaltsabrechnungen die Beschaffung, Auswahl und Freisetzung von Personal.[20] Eine eigenständige Personalabteilung, wie es in Großunternehmen üblich ist, gibt es in KMU nur vereinzelt bzw. erst ab einer gewissen Unternehmensgröße. Personalplanung oder Personalentwicklung werden selten betrieben. Das Fachwissen im Bereich der Personalarbeit ist im Vergleich zu Großunternehmen nur begrenzt vorhanden, da den Aufgaben der Personalarbeit nur ein geringer Stellenwert eingeräumt wird und die Bewältigung der

---

[16] Vgl. Simon, H. (2012), S. 11ff.
[17] Vgl. Behrends, T., Martin, A. (2005), S. 151ff.
[18] Vgl. Reinemann, H. (2011), S. 69.
[19] Vgl. Behrends, T., (2012), S. 13ff.
[20] Vgl. Claaßen, N. (2008), S. 20.

Arbeiten neben dem Tagesgeschäft passiert.[21] Aufgaben aus dem Personalbereich werden innerhalb des Unternehmens an die Mitarbeiter verteilt oder durch den Inhaber selbst ausgeführt.[22] Innerhalb von Großunternehmen ist ein gewisser Einfluss von Gewerkschaften spürbar; dieser fällt aufgrund von fehlenden gesetzlichen Verankerungen in KMU weg. Diese Besonderheit kann in der Regel durch die persönliche Bindung von Geschäftsleitung und Mitarbeitern kompensiert werden. Des Weiteren werden die Mitarbeiter häufig unmittelbar in Entscheidungen involviert. Ein weiterer Unterschied zu Großunternehmen wird durch die geringere und nur auf die Region limitierte Bekanntheit in der Öffentlichkeit deutlich. Hierdurch entstehen Herausforderungen bei der Beschaffung von Personal auf dem überregionalen Arbeitsmarkt. Des Weiteren wird der Erhalt von Initiativbewerbungen durch potenzielle Mitarbeiter eingeschränkt, welche im Vergleich zu bekannten Großunternehmen generell deutlich niedriger ausfällt.[23] Das Repertoire eines Personalmanagements beinhaltet neben den Instrumenten auch formale Hilfsmittel, welche in Großunternehmen als Grundlage in der Personalabteilung fest verankert sind. Zu diesen zählen etwa die Stellenbeschreibung, Organigramme sowie Beurteilungs- und Fragebögen. KMU nutzen diese Mittel selten oder gar nicht. Erst ab einer Unternehmensgröße von mehr als einhundert Mitarbeitern oder mit einer fest installierten Position eines Personalmanagers oder Personalleiters sind diese i.d.R. vorzufinden.[24] Der systematische Aufbau eines strategisch ausgerichteten Personalmanagements in KMU, so wie es in der wirtschaftswissenschaftlichen Literatur dargestellt ist, wird durch die bisher genannten Besonderheiten erschwert. KMU entscheiden vermehrt auf operativer Ebene, wodurch Bauchentscheidungen innerhalb des Unternehmens häufig maßgeblich sind. Eine schnelle Entscheidungsfindung steht im Mittelpunkt. Mangelnde Kenntnisse und Erfahrungswerte im Umgang mit personalpolitischen Maßnahmen erschweren die Integration eines Personalmanagements in den Arbeitsablauf zusätzlich. Die Gestaltung der Unternehmung ist starr auf eine Ein-Linien Organisation ausgerichtet. Managemententscheidungen werden zentral von der Person des Inhabers getroffen. Diese Kombination bewirkt durch die Vielzahl an Entscheidungen und Aufgaben nicht selten eine Überforderung des Verantwortlichen in allen Bereichen der Unternehmung.[25]

---

[21] Vgl. Bröckermann, R. (2012), S. 11.
[22] Vgl. Stelzer-Rothe, T. (2002), S. 17ff.
[23] Vgl. Meyer, J. (2012), S. 3ff.
[24] Vgl. Claaßen, N. (2008), S. 23.
[25] Vgl. Heybrock, H. et al. (2011), S. 3-4.

3 Grundlagen und theoretische Ansätze zur Mitarbeiterbindung

Bei der Analyse von jüngerer Literatur und Artikeln in Fachzeitschriften ist zu erkennen, dass das Interesse an der Thematik weiter zugenommen hat. Schaut man auf aktuelle Studien, etwa die Mittelstandsbefragung der QRC Group aus dem Jahr 2014 zur generellen Einschätzung der Wichtigkeit von Personalthemen innerhalb der kommenden drei Jahre, wird deutlich, dass das Thema Mitarbeiterbindung ganz oben auf der Agenda steht.[26] Zunächst wird daher der Begriff „Mitarbeiterbindung" beschrieben, bevor auf die drei ausgewählten Theorien zur Bindung von Mitarbeitern näher eingegangen wird.

3.1 Mitarbeiterbindung

In der englischsprachigen, wissenschaftlich geprägten Literatur wird der Begriff der Mitarbeiterbindung mit „Commitment" bzw. „organisationalem Commitment" übersetzt.[27] Mitarbeiterbindung wird in der Literatur auch regelmäßig unter dem Begriff des Retention Managements zusammengefasst. Was bedeutet die Bindung eines Mitarbeiters an eine Organisation? Diese Thematik ist bereits seit über zwanzig Jahren als Forschungsthema relevant und vor Allem in der organisationspsychologischen Literatur verwurzelt. Allgemein gehalten wird unter Mitarbeiterbindung (Retention) die Verbundenheit, die Zugehörigkeit und die Identifikation verstanden, die ein Mitarbeiter zu und mit dem Unternehmen erlebt und empfindet. Ziel einer professionellen Personalarbeit muss es sein, gerade die Leistungs- und Potentialträger an das Unternehmen zu binden und dies möglichst langfristig. Dabei steht nicht die vertragliche Bindung im Vordergrund, die durch besondere Klauseln erreicht werden kann. Vielmehr geht es hier um die emotionale Bindung des Mitarbeiters. Die Bindung eines Mitarbeiters kann durch den zielstrebigen Einsatz von verschiedenen Instrumenten aus dem Personalmarketing unterstützt werden.[28]

---

[26] Vgl. QRC Group (2014), S. 8.
[27] Vgl. Felfe, J. (2008), S. 25.
[28] Vgl. Kolb, M. (2010), S. 149-150.

3.2 Theoretische Ansätze zur Mitarbeiterbindung

Im nachfolgenden Kapitel werden drei theoretische Modelle vorgestellt, die in der Literatur und Forschung als Bestandteil rund um das Thema der Mitarbeiterbindung fest verankert sind. Beginnend mit der Erläuterung des Commitment, welches in die drei Komponenten affektives, normatives und fortsetzungsbezogenes Commitment unterteilt wird, steht vor allem das affektive Commitment im Vordergrund. Die emotionale Bindung an die Organisation scheint als effektives Modell für die Zielsetzung dieser Untersuchung besonders geeignet.

Obwohl in der Literatur die Begriffe „Identifikation" und „Commitment" vermehrt gleichbedeutend verwendet werden, sollen sie trotz einiger Parallelen innerhalb der Konzepte getrennt voneinander betrachtet werden, damit auch die Theorie der sozialen Identität in ihren Unterschieden zum Commitment zur Geltung kommt und analysiert werden kann. Die Darstellung der Mitarbeiterbindung aus der Perspektive der Transaktionskostentheorie ist der dritte Ansatz der aufgegriffen wird. Hierfür ist eine Abwandelung der Theorie auf die Bindung von Mitarbeitern notwendig, da diese Theorie ursprünglich im Bereich der Kundenbindung Verwendung gefunden hat.[29] Durch diese drei Betrachtungsweisen, welche auch in der Literatur gerne für einen Vergleich herangezogen werden, sollen die verschiedenen Perspektiven für die Bindung von Mitarbeitern Darstellung finden. Ein Resümee sowie eine Verknüpfung mit dem Bereich der Personalarbeit im Mittelstand schließen das Kapitel ab und fließen in die spätere Erarbeitung der Handlungsempfehlung mit ein.

3.2.1 Organisationales Commitment

Vor dem Hintergrund der Globalisierung und des demographischen Wandels durchlaufen die Unternehmen Veränderungen in allen organisationalen Bereichen. Durch diesen Wandel sind die Organisationen deutlich stärker auf Mitarbeiter angewiesen, die sich über ihre eigentliche Tätigkeit hinaus und in Krisenzeiten für das Unternehmen einsetzen.[30] Eine hohe emotionale Verbundenheit mit dem Unternehmen sollte daher bewirken, dass die Mitarbeiter eine grundsätzlich höhere Bereitschaft mitbringen sich mit den Zielen des Unternehmens zu identifizieren und in Krisenzeiten hinter dem Unternehmen zu stehen. Commitment wird in der Literatur als Identifikation, Loyalität, Verpflichtung und Verbundenheit beschrieben.[31]

---

[29] Vgl. van Dick, R. (2004), S. 4.
[30] Vgl. Cooper-Hakim, A., Viswesvaran, C. (2005), S. 241ff.
[31] Vgl. Felfe, J. (2008), S. 26.

Mathieu und Zajac beschreiben Commitment als ein Band zwischen den Mitarbeitern und der Organisation.[32] Meyer und Herscovitch bezeichnen das Commitment als eine handlungssteuernde Kraft.[33]

Der Grad des organisationalen Commitment wird als Grundeinstellung eines Mitarbeiters gegenüber der Organisation bezeichnet. Mit Hilfe dieses Konzepts wird registriert, wie sich Verbundenheit und Verpflichtung der Mitarbeiter auf emotionaler und kognitiver Ebene in Bezug auf das Unternehmen ausdrücken. Zentrale Grundlage ist dabei die Befriedigung von Bedürfnissen auf Basis der persönlichen Einstellung, als auch die Unterstützung bei der Erreichung von individuellen Zielen und Werten der Mitarbeiter. Durch die so erzeugten Gefühle der Verpflichtung und Verbundenheit soll eine größere individuelle Leistungsbereitschaft erzeugt werden. Hinter diesem Ansatz steht die Hypothese: Je stärker die Gefühle der Verpflichtung und Verbundenheit ausgeprägt sind, desto höher wird die Bereitschaft, sich langfristig an das Unternehmen zu binden. Die konzeptuellen Gedanken, die mit dem Commitment verbunden werden, zeichnen sich dadurch aus, dass zum Einen zu erwarten ist, dass ein Mitarbeiter mit einem hohen Bindungsgefühl an das Unternehmen eine gleichermaßen erhöhte Leistungsbereitschaft mitbringt und zum Anderen weniger Fluktuation im Unternehmen verursacht, weil er in schwierigen Zeiten die negativen Gegebenheiten duldet und akzeptiert. Ein hohes Gefühl an Verbundenheit und Verpflichtung dem Unternehmen gegenüber spiegelt laut des Konzeptes ein hohes Maß an Commitment wieder, welches als klarer Erfolgsfaktor für das gesamte Unternehmen einzuordnen ist.[34]

In der Literatur werden drei Betrachtungsweisen zur Bindung von Mitarbeitern an ein Unternehmen genannt. Im Rahmen des organisationalen Commitment wird nachfolgend auf diese näher eingegangen. Die affektive Bindung wird in der Literatur vor Allem als die Bindung eines Mitarbeiters an eine Unternehmung oder Organisation aufgrund von positiven Gefühlen und bestehender Loyalität beschrieben. Die Betrachtung von Mowday, Porter und Steers aus dem Jahre 1979 bezeichnet die affektive Bindung als: „the relative strenght of an individual's identification with and involvement in a particular organization"[35] und ist in der Literatur verbreitet als eine Erklärung der Bindung zu finden. Ein weiterer Aspekt ist die sog. kalkulatorische oder fortsetzungsbezogene Bindung, die auf einem gegenseitigen Investment

---

[32] Vgl. Mathieu, J., Zajac, D. (1990), S. 171ff.
[33] Vgl. Herscovitch, L., Meyer, J. (2002), S. 475.
[34] Vgl. Felfe, J. (2008), S. 26-27.
[35] Mowday, R. et al. (1979), S. 226.

der unterschiedlichen Qualitäten, die Arbeitgeber und Arbeitnehmer dem Unternehmen zugute kommen lassen, beruht. Dabei stehen die möglichen Kosten im Vordergrund, die das Verlassen des Unternehmens durch den Arbeitnehmer verursachen. Die Grundlagen dieses Aspektes sind in der Side-Bet-Theory von Howard Becker zu finden, in welcher die Bindung durch eine Leistung und eine erwartete Gegenleistung bestimmt wird, dabei sind nach Becker dem Mitarbeiter die Auswirkungen seines Handels stets bekannt.[36] Ergänzend zu dieser Theorie lassen sich zwei Teilbereiche der kalkulatorischen Bindung aufdecken. Zum Einen entsteht Bindung aus dem Aspekt heraus, dass auch für den Mitarbeiter der Wechsel des Arbeitsplatzes mit einem erheblichen Engagement und großer Verunsicherung verbunden ist und zum Anderen, dass es immense persönliche Kosten verursacht, wenn dieser das Unternehmen verlässt.[37] Die Bindung, die durch normative Aspekte entsteht, wird in der Literatur auch als die moralische Verpflichtung bezeichnet, die einen Mitarbeiter in einem Unternehmen verbleiben lässt. Dieser damit verbundene Erwartungsdruck kann z.B. durch das familiäre oder kulturelle Umfeld und gerade auch durch das Unternehmen aufgebaut werden.[38] Das soziale Umfeld des Mitarbeiters, innerhalb sowie außerhalb des Unternehmens, erzeugt bei dem Mitarbeiter das Gefühl der Verpflichtung dem Unternehmen gegenüber und dadurch zugleich eine normative Erwartungshaltung an ihn. Diesen Erwartungen wird meist durch den Verbleib im Unternehmen entsprochen. Während seiner Zugehörigkeit zum Unternehmen baut der Mitarbeiter durch die ihm gewährten Vorteile, wie beispielsweise erhaltene Karrierechancen, ein immer stärker werdendes Gefühl und zugleich ein Bedürfnis der Wiedergutmachung gegenüber der Organisation auf. Als Resultat entwickelt der Mitarbeiter ein stetig steigendes Gefühl der Verpflichtung im Unternehmen zu verbleiben. Die normative Komponente des Commitment bestimmt dadurch immer mehr seine Handlungen.[39] Die verschiedenen Aspekte dieses Commitment-Modells wurden durch verschiedene Studien und Meta-Analysen bestätigt, dabei wurden insbesondere dem affektiven Bindungsaspekt erfolgsversprechende Eigenschaften zugeschrieben. Aus Sicht des Arbeitergebers werden die Verhaltensweise und die Einstellung des Mitarbeiters im Bezug auf unternehmensspezifische Bedürfnisse durch die affektive Bindung positiv beeinflusst. Hierzu zählen die Arbeitsleistung, die Anwesenheit im Unternehmen sowie das Interesse im Unternehmen zu verbleiben. Abträgliche Verhaltensweisen, wie Abwesenheit und Stress nehmen, wie auch die Fluktuation

---

[36] Vgl. Becker, H. (1960), S. 32ff.
[37] Vgl. McGee, G., Ford, R. (1987), S. 638ff.
[38] Vgl. Meyer, J., Allen, M. (1991), S. 67.
[39] Vgl. Felfe, J. (2008), S. 41.

der Mitarbeiter, bei einer großen affektiven Bindung an das Unternehmen signifikant ab, werden verringert bzw. abgebaut.[40] Diese positiven Resultate mit Bezug auf Leistung und Verbleib des Mitarbeiters in der Unternehmung, veranlassen die Forschung daher fast ausschließlich die Eigenschaften des affektiven Commitment zu untersuchen. Die bestehende, grundlegende und ursächliche Verbindung von affektivem Commitment mit der Arbeitsleistung des Mitarbeiters zeigt sich in den Veröffentlichungen von diversen Studien zu dieser Thematik, durch welche die Ausrichtung auf das affektive Commitment als wirkungsvolle Methode zur Mitarbeiterbindung noch weiter verstärkt wird.

3.2.2 Soziale Identifikation in Organisationen

Neben der Betrachtung des organisationalen Commitment existiert mit dem Ansatz zur sozialen Identifikation ein weiteres theoretisches Konzept zur Mitarbeiterbindung in Organisationen. Grundlage ist der Ansatz zur sozialen Identität, der durch die beiden Wissenschaftler Tajfel und Turner entwickelt und geprägt wurde. Der Gesamtansatz der sozialen Identität setzt sich aus den aufeinander aufbauenden Theorien, der sozialen Identitätstheorie und der Selbstkategorisierungstheorie, zusammen. Der Hintergrund für die Entwicklung der Theorien lag in der Erforschung von Diskriminierung und Vorurteilen und deren Bedeutung innerhalb von Gruppen.[41] Die organisationale Identifikation ist demnach eine spezielle Form der sozialen Identifikation. Im vorangegangen Abschnitt wurde das Commitment-Konzept vorgestellt, in dem die individuelle Sichtweise bzw. Einstellung gegenüber der Organisation die Grundlage des Konzeptes bildet. Der Identitätsansatz betrachtet die Bindung an eine Organisation aus der sozialen Perspektive heraus. Dabei werden die Organisationen und Teilbereiche als soziale Gruppen bezeichnet, welche kooperieren und konkurrieren und in wechselseitigen Beziehungen miteinander stehen. Die Entwicklung der sozialen und organisationalen Identität eines Einzelnen wird durch die Verbundenheit mit einer Gruppe erklärt.[42]

Wenn die eigene Identität mit der Denkweise und dem Standpunkt der Organisation übereinstimmt, wird von organisationaler Identität gesprochen. In der Literatur lassen sich einige Definitionen finden, welche in dieses Konzept mit einfließen. Zu diesen zählen „ ...an individual's belief about his or her organization become self-referential or self-defining"[43]

---

[40] Vgl. Mathieu, J., Zajac, D. (1990), S. 171ff; Riketta, M. (2002), S. 257ff.
[41] Vgl. Felfe, J. (2008), S. 55.
[42] Vgl. Felfe, J. (2008), S. 53.
[43] Pratt, M. (1998), S. 172.

oder „ ...individuals think and act on behalf of the group they belong to because this group membership adds to their social identity which is partly determining one's self esteem"[44]

Es wird deutlich, dass die Gefühle und die Einstellungen des Einzelnen nicht nur Effekte auf das Verhalten innerhalb der Organisation, sondern auch auf die eigene Identität haben. Das Zugehörigkeitsgefühl erlangt damit eine hohe Bedeutung, da der Selbstwert und die eigene Identität involviert sind. Neben den subjektiven Anteilen, welche die Identität eines Menschen ausmachen, macht analytisch gesehen die Zugehörigkeit zu einer Gruppe einen großen Teil der Identität eines Mitarbeiters aus. Betrachtet man daher bei der Frage wer wir sind, die Gewichtung des Zugehörigkeitsgefühls zu einzelnen Gruppen, wird deutlich, welchen Stellenwert das Gruppengefühl für das Individuum hat. Das für das Selbstverständnis unerlässlich starke Gefühl, Mitglied einer Partei oder Fan einer bestimmten Mannschaft zu sein, gibt Aufschluss darüber, womit ein Mensch sich identifiziert, wie er denkt und welche Ansichten er vertritt. Die gleichen Empfindungen spielen natürlich eine Rolle, wenn wir uns als Mitarbeiter einer Organisation oder eines Unternehmens beschreiben oder als Teil einer Berufsgruppe vorstellen. Die meisten Menschen fühlen sich in Gruppen sicher und aufgehoben, welche mit einem positiven Image behaftet sind. Unternehmen und Organisationen sind wichtige Gruppierungen, für die es relevant sein sollte, dass der Einzelne eine Teilnahme als erstrebenswert erachtet. Ziel ist es hier, dass sich möglichst viele Personen mit ihnen identifizieren.[45] Wie bereits der Ansatz des Commitment zuvor, definiert sich auch die Identifikationstheorie nach Tajfel über verschiedene Ebenen. Die kognitive-, evaluative und affektive, ebenso wie die konative Identifikation. Dabei beschreibt die kognitive Ebene die bewusste Wahrnehmung über die Zugehörigkeit zu einer bestimmten Gruppe. Die evaluative Ebene bewertet diese Mitgliedschaft nach positiven oder negativen Aspekten, je nachdem welcher Wert der Gruppe in der Außendarstellung zugeordnet wird. Die affektive Identifikation beschäftigt sich mit den emotionalen Komponenten der Identifikation.[46] Die konative Ebene beschreibt in welchem Ausmaß sich der Einzelne durch sein Verhalten für die Ziele und die Werte seiner Gruppe einsetzt.[47]

---

[44] van Dick, R. et al. (2004), S. 351.
[45] Vgl. Felfe, J. (2008), S. 54.
[46] Vgl. Ellemers, N. et al. (1999), S. 372.
[47] Vgl. van Dick, R. (2004), S. 16.

3.2.3 Transaktionskostentheorie

Die Transaktionskostentheorie ist in der Volkswirtschaftslehre fest verankert und lässt sich dem Bereich der Organisationstheorien zuordnen, welche wiederum Teil der neuen Institutionenökonomie sind. Die Grundlage bildet die volkswirtschaftliche Theorie von Ronald Coase aus dem Jahre 1937. Hier wurde die Bedeutung von Transaktions- und Vertragskosten ausgehend von dem Gedanken, dass Marktmechanismen nicht kostenfrei sind, diskutiert.[48] Es wurde erstmalig versucht zu erklären, warum bestimmte Transaktionen[49] in bestimmten institutionellen Arrangements effizient oder weniger effizient geplant und durchgeführt werden. Unternehmen sind nach Ronald Coase nur in der Lage zu existieren, wenn sie Kosteneinsparungen erzielen. Dies soll auch durch eine effizientere interne Abwicklung von Transaktionen erreicht werden. Innerhalb einer Marktwirtschaft würden zudem für sämtliche Handlungen Kosten entstehen.[50] Nach Oliver Williamson, welcher die Theorie von Coase aufgriff und weiterentwickelte, versucht die Theorie herauszufinden, welche Arten von Transaktionen in welchen institutionellen Arrangements relativ am kostengünstigsten abgewickelt und organisiert werden können".[51]

Innerhalb der Theorie bilden Transaktionen die Basis für die Analyse, daher wird auch für die Überprüfung jede einzelne Transaktion für eine Betrachtung herangezogen. Der möglichst kostengünstige Einsatz von Ressourcen bzw. Leistungen bilden das Kriterium für die Effizienz. Wie deutlich wird, ist diese Effizienz nicht nur durch den Einsatz von Produktionskosten, sondern auch durch den Einsatz von Transaktionskosten gekennzeichnet. Williamson unterteilt die Transaktionskosten in ex-ante und ex-post Kostenkategorien. Ex-ante Kosten sind z.B. Informations- und Suchkosten sowie Verhandlungs- und Vertragskosten. Als ex-post sind Überwachungskosten, Konflikt- und Anpassungskosten ebenso zu nennen, wie etwa Anpassungskosten bei nachträglichen Änderungen des Vertrages. Insbesondere die Kosten, welche im Nachhinein entstehen werden in der Transaktionskostentheorie durch Williamson besonders betont.[52] In der Summe sind daher die Transaktionen am effizientesten, die aufgrund der gewählten Organisationsform die geringsten Produktions- und Transaktionskosten mit sich bringen. Der Faktor Mensch bildet in der Transaktionskostentheorie die Unwägbarkeit, die bei einer Erläuterung

---

[48] Vgl. Coase, R. (1937), S. 386ff.
[49] Die Übertragung (Kauf oder Verkauf) von Verfügungsrechten an einem Gut oder einer Dienstleistung zwischen mindestens zwei Transaktionspartnern.
[50] Vgl. Ebers, M., Gotsch, W. (2014), S. 225.
[51] Vgl. Williamson, O. (1985), S. 41.
[52] Vgl. Ebers, M., Gotsch, W. (2014), S. 226.

berücksichtigt werden muss. Zum Zweck der Analyse müssen den Transaktionspartnern Verhaltensmuster unterstellt werden. Zum Einen muss in der Theorie bedachtet werden, dass die vollkommene Rationalität, die von den Transaktionspartnern angestrebt wird, aufgrund von begrenzten oder mangelnden Informationen nicht erreicht werden kann. Zum Anderen wird davon ausgegangen, dass die Transaktionspartner bei der Vertragsgestaltung ihre Eigeninteressen verfolgen. Die Durchsetzung wird z.B. durch die Zurückhaltung von Informationen oder die Täuschung des Vertragspartners erreicht.[53] Nach Williamson wird die Höhe der Kosten durch drei Faktoren bestimmt: die Faktorspezifität, die Unsicherheit und die Häufigkeit der Transaktionen. Die Faktorspezifität beschreibt die Besonderheiten der Transaktion und die damit verbundenen transaktionsspezifischen Investitionen in spezialisierte Inputfaktoren, z.B. individuelle Produktionsanlagen oder spezifische Qualifikationen der Mitarbeiter.[54] Hierüber hinaus wird in der Theorie in Standortspezifität und Abnehmerspezifität unterschieden. Parametrische- und Verhaltensunsicherheiten werden in der Transaktionskostentheorie getrennt voneinander betrachtet. Parametrische Unsicherheit entsteht aus den situationsabhängigen Bedingungen der Transaktion sowie deren späterer Entwicklung. Die Möglichkeit des opportunistischen Handelns der Transaktionspartner wird als Verhaltensunsicherheit definiert.[55] Als dritte Eigenschaft wird die Häufigkeit der Transaktion genannt, denn mit einer zunehmenden Anzahl von kongruenten Transaktionen sinken neben den Produktions- und Herstellungskosten auch die Transaktionskosten. Daher können hier Synergie- und Skaleneffekte eintreten.[56] Neben der Charakteristik der Transaktionen werden drei verschiedene Vertragsarten beschrieben, die eine Organisationsform begründen. Williamson greift dabei auf die Vertragsanalyse von MacNeil aus dem amerikanischen Vertragsrecht zurück und unterscheidet diese, wie der Autor selbst auch, nach den Merkmalen in klassische, neoklassische und relationale Verträge.[57] Die Verträge begründen die Transaktionsabwicklung in institutionellen Einrichtungen, wobei drei Varianten möglich sind: über den Markt, über langfristige Verträge sowie in Organisationen. Klassische Verträge werden über den Markt abgewickelt, als Beispiel kann hier ein typischer Kaufvertrag genannt werden. Die Bedingungen der Transaktion sind im Vorfeld fest definiert, zudem ist der Vertrag auf kurze Dauer ausgelegt und es wird nicht mit einer Anpassung des Vertrages gerechnet.[58] Neoklassische Verträge

---

[53] Vgl. Ebers, M., Gotsch, W. (2014), S. 227.
[54] Vgl. Ebers, M., Gotsch, W. (2014), S. 230.
[55] Vgl. Williamson, O. (1985), S. 57ff.
[56] Vgl. Ebers, M., Gotsch, W. (2014), S. 231.
[57] Vgl. MacNeil, I.R. (1987), S. 272ff; MacNeil, I.R. (1978), S. 854ff; MacNeil, I.R. (1974), S.691ff.
[58] Vgl. MacNeil, I.R. (1987), S. 275.

zeichnen sich dadurch aus, dass die Transaktionspartner im Vorfeld nicht alle Bedingungen vertraglich festlegen konnten und somit eine nachträgliche Anpassung wahrscheinlich ist. Hierfür werden Klauseln in die Verträge eingebaut. Da sich der neoklassische Vertrag nicht nur auf die einzelne Transaktion von Leistung und Gegenleistung beschränkt, sind oftmals Entscheidungen und Abstimmungen, auch noch nach Vertragsabschluss, zwischen den beiden Transaktionspartnern zu treffen. Die Verträge sind auf längere Dauer angelegt. Beispiele aus der Praxis sind hier insbesondere im Bereich von Franchising und Joint-Ventures zu nennen, es kann sich jedoch auch um langfristig angelegte Lieferverträge handeln. Nach Williamson wird diese Form des Vertrags auch als hybrid bezeichnet.[59] Als relationale Vertragsform wird eine noch weit offenere Form der Beziehung als bei den neoklassischen Verträgen bezeichnet. Durch eine ständige Unsicherheit in der Definition von Leistung und Gegenleistung ist hier eine ständige ex-ante Anpassung notwendig. Hierdurch entsteht aus der Transaktion eine soziale Beziehung, da die Transaktionspartner im ständigen Austausch miteinander stehen müssen um gemeinsam Entscheidungen zu treffen. Typische Beispiele sind ein unbefristeter Arbeitsvertrag sowie die Abwicklung von Transaktionen in Organisationen.

Die Transaktionskostentheorie nimmt eine ganzheitliche Betrachtung von Organisationen vor, daher ist es naheliegend diese auch auf den personalwirtschaftlichen Teil des Unternehmens anzuwenden. Diese Anwendung bietet die Möglichkeit die personalwirtschaftlichen Besonderheiten und damit auch einzelne Maßnahmen und Instrumente aus dem Blickwinkel der Effizienz zu analysieren.[60] Die Analyse der Beschäftigungsverhältnisse steht dabei im Fokus.[61] In der Literatur wird diese Vorgehensweise auch als Personalökonomie betitelt, durch die ein Einsatz von arbeits-ökonomischen Prinzipien auf betriebliche Fragestellungen ermöglicht wird.[62] Dabei geht es darum, im Wettbewerb angemessene Strategien zu sichten, welche in die Leistungsbereitschaft und Leistungsfähigkeit des Personals investieren. In der Personalökonomie findet somit eine Analyse von Austauschverhältnissen statt. Der Transfer von Arbeitsleistung gegen Entgelt durch den Arbeitgeber (Organisation) und Arbeitnehmer wird als Arbeitsmarkttransaktion bezeichnet. Dabei liegt der Fokus auf der Unsicherheit der Transaktion sowie der Faktorspezifität. Letzteres wird auf dem Arbeitsmarkt auch als Humankapital bezeichnet. Unter dem Ertragswert werden hier die verfügbaren Qualifikationen

---

[59] Vgl. Williamson, O. (1985), S. 74f.
[60] Vgl. Williamson, O. (1985), S. 241.
[61] Vgl. Picot, A., Wenger, E. (1988), S. 31.
[62] Vgl. Lazear, E . (1999), S. 199.

des Arbeitnehmers verstanden.[63] Dabei wird die Investition des Mitarbeiters in das Humankapital mit der Investition des Arbeitgebers in Produktionsstätten verglichen. Zudem kann das Humankapital in spezifisch und unspezifisch unterteilt werden. Spezifisch sind hier etwa die Investition in individuelle Arbeitsabläufe und Prozesse des Unternehmens.[64] Unspezifische Investitionen stehen nicht in direktem Bezug zum Arbeitgeber und sind beispielsweise das individuelle Know-how, sowie die Fertigkeiten und Kenntnisse des Mitarbeiters. Möchte ein Arbeitnehmer den Arbeitsplatz wechseln und hat im Laufe seines Berufslebens viel Zeit in unternehmensspezifisches Humankapital investiert, so wird er sich zwangsläufig auf Einkommensverluste einstellen müssen. Das spezifische Wissen hat in der neuen Umgebung wahrscheinlich einen geringeren Nutzen. Dieses Wagnis wird auch als Wechselrisiko bezeichnet und bildet im Kontext von Transaktionskostentheorie und der Mitarbeiterbindung einen wesentlichen Einflussfaktor. Die in diesem Zusammenhang stehenden Kosten, werden auch als Wechselkosten bezeichnet. Je höher diese Kosten für den einzelnen Mitarbeiter sind, desto höher ist die Wechselbarriere die zu überwinden ist. Diese Barriere lässt sich in ökonomische, psychische und soziale Determinanten unterscheiden und bildet einen weiteren Einflussfaktor für die Mitarbeiterbindung im Kontext zur Transaktionskostentheorie.[65] Auf Basis der Transaktionsmerkmale kann eine Austauschbeziehung in unterschiedlichen Vertragsformen zum Ausdruck kommen. Bei einer Arbeitsmarkttransaktion liegt ein spezifischer Arbeitsvertrag zugrunde, durch den die beiden Vertragspartner eine Rechtsbeziehung miteinander eingehen. Trotz aller Weisungsrechte, die ein Arbeitgeber durch einen Vertrag erlangt, kann der Arbeitnehmer Einfluss auf die tatsächliche Arbeitsleistung nehmen, woraus sich adäquate Maßnahmen und somit auch Kosten für die Organisation ergeben. Die in diesem Zusammenhang entstanden Kosten werden auch als Transaktionskosten bezeichnet.[66]

3.3 Bindungstheorien im Kontext zur Personalarbeit in KMU

Welche Erkenntnisse sind für KMU aus den vorgestellten Ansätzen im Hinblick auf die Mitarbeiterbindung praxisrelevant? Um diese Fragen beantworten zu können, wird an dieser Stelle auf das Kapitel „Mittelständische Unternehmen" verwiesen, welches im folgenden Absatz in den Bezug zu den vorgestellten Bindungstheorien gesetzt werden soll. Das Com-

---

[63] Vgl. Sadowski, D. (1991), S. 136.
[64] Vgl. Williamson, O. (1985), S. 242.
[65] Vgl. Bauer, H., Jensen, S. (2004), S. 258.
[66] Vgl. Sadowski, D. (1988), S. 223-224.

mitment bildet die Grundlage für die Bindung eines Mitarbeiters an ein Unternehmen. Umso stärker das Gefühl der Zugehörigkeit und der Identifikation jedes Einzelnen ist, umso größer ist das Maß an Commitment dem Unternehmen gegenüber. Stimmen die Wertvorstellungen von Mitarbeiter und Unternehmen deutlich überein, entsteht eine emotionale Bindung, durch die der Mitarbeiter bereit ist Leistungen zu erbringen, die deutlich über dem Durchschnitt liegen.[67] KMU besitzen aufgrund ihrer Charakteristik einige Vorzüge gegenüber Großunternehmen, die sie für die Bindung von Mitarbeitern zu ihrem Vorteil positionieren und einsetzen können. Sie pflegen enge Beziehungen zu Kunden, Lieferanten und Mitarbeitern. Die Unternehmenskultur wird durch die persönliche Bindung von Geschäftsleitung und Mitarbeitern gelebt und aufgebaut. Innovationskraft, enge Kundenorientierung, Flexibilität sowie flache Hierarchien unterscheiden diese Unternehmen von Großunternehmen und unterstreichen damit Alleinstellungsmerkmale.[68] In vielen KMU ist neben einer stabilen Unternehmenskultur eine besonders starke Identifikation der Mitarbeiter mit dem Unternehmen vorhanden.[69] Der Ansatz des affektiven Commitment erklärt die Stärke der Identifikation des Mitarbeiters mit den Werten, Zielen und Normen eines Unternehmens. Meyer und Allen bezeichnen das affektive Commitment als „ ...emotional attachement to, identification, with, and involvement in, the organization"[70] Dieses Zitat verdeutlicht, dass der Ansatz des Commitment durchaus Gemeinsamkeiten mit der sozialen Identifikation aufweist, da die Identifikation ein festes Element im Commitment einnimmt. Zugleich lässt sich die affektive Seite der sozialen Identifikationstheorie mit der des Commitment verknüpfen. Diese Aussage wird auch in der Literatur manifestiert, in der es heißt: „ ..organizational commitment is a form of social identification"[71]

Die beiden vorgestellten Ansätze zum organisationalen Commitment und der sozialen Identifikation enthalten grundlegende Erkenntnisse und bilden die theoretische Basis für zwei Perspektiven der Mitarbeiterbindung. Zudem liefern Sie Hintergrundinformationen für Maßnahmen und Instrumente um diese in der Praxis zielgerichteter anzuwenden. Richtet man den Blick nun auf die Transaktionskostentheorie, welche im Gegensatz zu den zuvor genannten Theorien ökonomischer Natur ist, war diese zunächst in den Kontext zur Bindung von Mitarbeitern zu setzen. Dabei wurde deutlich, dass eine Investition des Mitarbeiters in

---

[67] Vgl. von Richthofen, C. (2008), o. S.
[68] Vgl. Picot, G. (2008), S. 5.
[69] Vgl. Picot, G. (2008), S. 14.
[70] Meyer, J., Allen, M. (1990), S. 1.
[71] Ellemers, N. et al. (2004), S. 465.

unternehmensspezifisches Know-how förderlich erscheint, da hierdurch mit steigendem Einsatz kontinuierlich eine Wechselbarriere aufgebaut wird, welche dem Mitarbeiter erschwert das Unternehmen zu verlassen.[72] Durch die Fluktuation entstehen dem Unternehmen Kosten, das Betriebsklima leidet, Know-how verlässt das Unternehmen, womöglich verliert das Unternehmen Kunden, da der bekannte Ansprechpartner im Unternehmen wegfällt. Eine hohe Fluktuationsrate kann zudem das Image des Unternehmens in der Öffentlichkeit langfristig schädigen.[73] All diese Risiken sind bei der ganzheitlichen Betrachtung der Bindung von Mitarbeitern zu berücksichtigen. Die Transaktionskostentheorie auf den Personalbereich anzuwenden um einen weiteren Blickwinkel für die Erklärung von Mitarbeiterbindung zu erlangen, ist ein weiterer Schritt um Hintergrundwissen zu generieren und vor dem Hintergrund von Transaktionskosten passende Maßnahmen und Instrumente in KMU zu implementieren, welche Mitarbeiter langfristig an das Unternehmen binden.

---

[72] Vgl. Bauer, H., Jensen, S. (2004), S. 264.
[73] Vgl. Bauer, H., Jensen, S. (2004), S. 247.

4 Analyse der Maßnahmen und Instrumente zur Mitarbeiterbindung in KMU

Welche Maßnahmen und welche Instrumente scheinen vor den vielfältigen Hintergründen bestmöglich für KMU geeignet zu sein um die Mitarbeiter zu binden? Der Umfang an Instrumenten zur Mitarbeiterbindung scheint nahezu unbegrenzt. In der Literatur und Praxis wird jedoch deutlich, dass immer häufiger „weiche" Faktoren den Ausschlag geben um Mitarbeiter zu binden. Neben der Wertschätzung der Arbeitsleistung des Mitarbeiters ist eine gute Unternehmenskultur ebenso wichtig wie das Führungsverhalten im Unternehmen. Der Einsatz von sogenannten „weichen Bindungsinstrumenten", die den Mitarbeitern suggerieren wertvoll für das Unternehmen zu sein, scheinen die größte Wirkung zu erzielen.[74]

4.1 Aufbau der Analyse

Ziel der Analyse ist es, Maßnahmen zur Mitarbeiterbindung in KMU zu analysieren und zu bewerten. Dafür werden insgesamt zehn Instrumente bzw. Maßnahmen aus drei verschiedenen Handlungsfeldern erläutert und mit Hilfe eines Skalenmaßes bewertet. Die Ergebnisse werden im Anschluss diskutiert und sollen verdeutlichen, welchen Maßnahmen im Bezug auf die Fragestellung ein erhöhter Stellenwert eingeräumt werden kann.

4.1.1 Grundlagen und Funktion der Likert-Skala

Das Verfahren zur Bildung von Likert-Skalen wurde 1932 nach dem US-amerikanischen Sozialpsychologen und Forscher Rensis Likert benannt und wird als Verfahren zur Messung persönlicher Einstellungen genutzt. Die Einstellung wird mit verschiedenen Statements gemessen, welche als sogenannte „Items" bezeichnet werden. Die Bewertung kann im Spektrum von extrem positiv bis extrem negativ erfolgen und wird häufig auf einer fünf- oder siebenstufigen Skala abgebildet. Wie in den Abbildungen 2 und 3 zu sehen, wird als Ergänzung den Bewertungskategorien ein Zahlenwert zugeordnet, der bei positiven ausgedrückten Items absteigend und bei negativ ausgedrückten Items aufsteigend formuliert wird. Dieser Zahlenwert ist für die Testpersonen i.d.R. nicht ersichtlich. Die Gesamtpunktzahl, welche sich aus der Addition der verschiedenen Items zusammensetzt, spiegelt die Einstellung der

---

[74] Vgl. Leuphana Universität (o. J.), S. 5.

Testperson in einem Gesamtergebnis wieder. Der Anspruch an die Items ist aufgrund der eindimensionalen Messung relativ gering, so ist es häufig ausreichend, dass die genutzten Items lediglich einen Indikator darstellen. [75]

sehr stark (5)	stark (4)	neutral (3)	schwach (2)	sehr schwach (1)
o	o	o	o	o

Abbildung 2: Beispiel einer Skala mit positiv formulierten Statements
            [Quelle: Eigene Darstellung]

völlig falsch (1)	falsch (2)	weiß nicht (3)	richtig (4)	völlig richtig (5)
o	o	o	o	o

Abbildung 3: Beispiel einer Skala mit negativ formulierten Statements
            [Quelle: Eigene Darstellung]

4.1.2 Skalenstruktur

Die Skalenstruktur umfasst ausschließlich geschlossene Fragen, sprich die Antwortmöglichkeiten sind vorgegeben. Es wird eine fünfstufige Likert-Skala verwendet um eine neutrale Antwortmöglichkeit über die „Mitte" zu schaffen. Die Items werden dabei positiv und negativ gefasst, die Skalen somit absteigend als auch aufsteigend dargestellt. Die gesamte Messung erfolgt über drei verschiedene Kriterien bzw. Items. Jedes Handlungsfeld wird separat evaluiert und diskutiert. Die Struktur der Antwortmöglichkeiten ist in Abbildung 4 und 5 einzusehen. In dieser Untersuchung wird die Likert-Skala in einer reduzierten Form eingesetzt um eine kriteriengeleitete Bewertung abzubilden. Die Bewertung erfolgt auf Grundlage der gesammelten quantitativen und qualitativen Daten aus Literatur und Studien. Die einzelnen Bewertungen werden begründet. Die Abbildung einer Gesamtpunktzahl fällt in dieser Untersuchung weg, ebenso wie eine Berechnung von Trennschärfe oder Mittelwert. Die Darstellung der Zahlenwerte ist daher für den Zweck dieser Untersuchung nicht notwendig, wie in Abbildung 4 und 5 ersichtlich wird.

---

[75] Vgl. Greving, B. (2009), S. 73-74.

sehr hoch	hoch	neutral	gering	sehr gering
o	o	o	o	o

Abbildung 4: Struktur der Antwortmöglichkeiten (positiv formuliert)
[Quelle: Eigene Darstellung]

sehr gering	gering	neutral	hoch	sehr hoch
o	o	o	o	o

Abbildung 5: Struktur der Antwortmöglichkeiten (negativ formuliert)
[Quelle: Eigene Darstellung]

4.1.3 Vorstellung der Items

Um die Maßnahmen bzw. Instrumente der einzelnen Handlungsfelder bewerten zu können, ist im Vorfeld die Formulierung von Items notwendig. Durch die Fragestellung, wie die Wirkung der Maßnahme für die Mitarbeiterbindung in KMU zu bewerten ist, soll die Intensität der Maßnahmen gemessen werden. Der Mitarbeiterbezug wird anhand der Fragestellung, wie die Wirkung der Maßnahme für die Mitarbeiter zu bewerten ist, aufgebaut. Zudem soll der finanzielle und organisatorische Aufwand für den Einsatz in KMU eingestuft werden, was durch die Formulierung, wie der Aufwand der Maßnahme für KMU zu bewerten ist, erreicht wird. Die Items sollen dazu beitragen, die Instrumente aus verschiedenen Blickwinkeln zu betrachten, zu bewerten und zu messen und mithilfe der Likert-Skala abzubilden. Die Erkenntnisse aus den Bewertungen sollen in die Handlungsempfehlung miteinfließen und verdeutlichen, in welchem Maß die Instrumente zur Bindung von Mitarbeitern in KMU beitragen können.

4.2 Vorstellung der Handlungsfelder

Für die Auswahl von geeigneten Maßnahmen, welche in diesem Buch analysiert und gegenübergestellt werden sollen, wird an dieser Stelle auf die Ergebnisse einer Studie verwiesen, welche für die Bearbeitung der Kernthematik die Grundlage bilden soll. Die Studie „HR-Trends im Mittelstand" der QRC Group aus dem Jahr 2013/2014 widmete sich aktuellen Themen aus dem Personalbereich. Dabei wurden Resultate aus der Befragung von mittelständischen Unternehmen mit mehr und weniger als 500 Mitarbeitern gewonnen, anschließend getrennt voneinander aufgearbeitet und ausgewertet.[76] Für diese Untersuchung sind die Ergebnisse aus der Befragung, welche Instrumente im Unternehmen bereits eingesetzt werden um Mitarbeiter langfristig an das Unternehmen zu binden, (in Abbildung 6 zu sehen) besonders interessant. Daraus wird erkennbar, dass die Maßnahmen zur flexiblen Arbeitszeitgestaltung, die Teilzeitangebote und die Förderung eines guten Betriebsklimas am häufigsten eingesetzt werden.[77] Im weiteren Verlauf der Studie, werden im Rahmen eines Vergleichs von genereller Bedeutung und bereits eingesetzter Maßnahmen diese drei Handlungsfelder zusätzlich betont.[78] Die Ergebnisse der QRC Group und die Besonderheiten von KMU sind für die Wahl der Handlungsfelder ausschlaggebend, so dass in dieser Untersuchung die Analyse und Gegenüberstellung grundlegender Handlungsfelder und Maßnahmen im Rahmen der flexiblen Arbeitszeiten und Teilzeitangebote als auch jene, die eine positive Wirkung auf das Betriebsklimas besitzen, vorgestellt und bewertet werden.

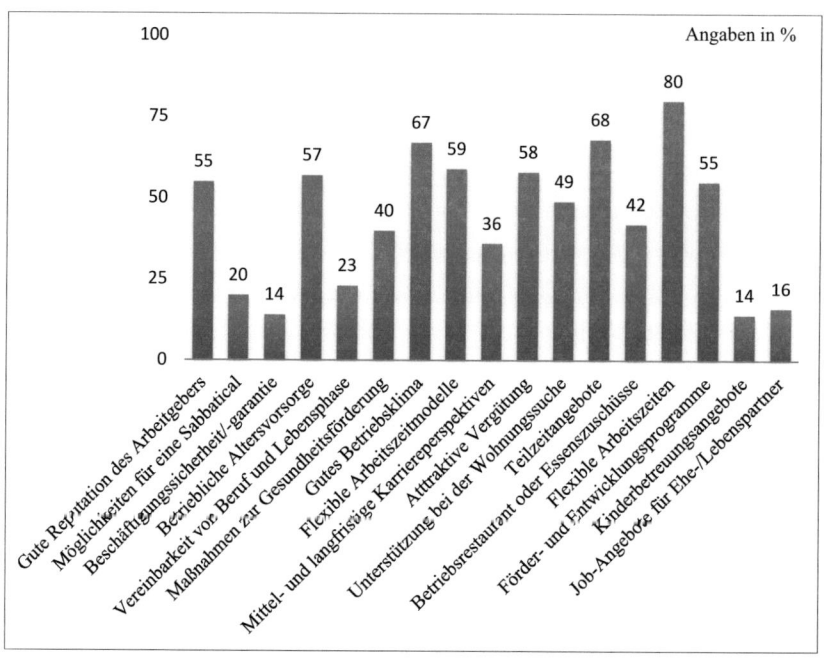

Abbildung 6: Derzeitige Nutzung von Personalmarketing-Instrumenten
[Quelle: Eigene Abbildung nach: QRC Group (2014), S. 27.]

---

[76] Vgl. QRC Group (2014), S. 26ff.
[77] Vgl. QRC Group (2014), S. 29.
[78] Vgl. QRC Group (2014), S. 28.

4.2.1 Flexible Arbeitszeiten

Unter dem Begriff der flexiblen Arbeitszeit werden Maßnahmen verstanden, durch die ein Arbeitnehmer seine Aufgaben flexibel und eigenverantwortlich auf seine Arbeitszeit verteilen kann. Er bestimmt die Dauer und Lage und hat häufig auch die Möglichkeit den Arbeitsort selbst zu wählen. Die Gestaltung der Arbeitszeit liegt dabei in der Verantwortung des Arbeitnehmers.[79] Zu den bekannten Maßnahmen und Formen, die ein Unternehmen im Rahmen einer Arbeitszeitflexibilisierung umsetzen kann, gehören u.a. die gleitende Arbeitszeit, Vertrauensarbeitszeit, Telearbeit und verschiedene Formen von Arbeitszeitkonten. Argumente, die Unternehmen, die mit der Flexibilisierung der Arbeitszeit arbeiten benennen, sind die Verbesserung der Wettbewerbsfähigkeit, die Erhöhung der Arbeitsmotivation, die Kommunikationsverbesserung sowie die Erhöhung der Lebensqualität der Mitarbeiter.[80] Nicht zuletzt wegen der Erhöhung der allgemeinen Lebensqualität eignet sich die Flexibilisierung der Arbeitszeit in ihren unterschiedlichen Ausprägungen als Bindungsinstrument und wirkt sich positiv auf die Leistungsfähigkeit der Mitarbeiter aus. Das Unternehmen profitiert zudem von einer stärkeren Identifikation des Mitarbeiters, da Beruf und Familie zeitlich besser aufeinander abgestimmt werden können. Das Unternehmensimage wird verbessert und die Personalkosten gesenkt, da die Fluktuation abnimmt. Aufgrund von saisonalen Schwankungen sind die Kapazitäten im Unternehmen durch einen flexibleren Personaleinsatz besser nutzbar.[81] Bei konjunkturellen Schwankungen oder einer saisonal bedingt ruhigeren Auftragslage können durch diese Art von Instrumenten Arbeitsplätze gesichert und somit auch firmenspezifisches Wissen im Unternehmen gehalten werden, insbesondere für den Moment in dem Auftragslage wieder anzieht. Überstunden und gleichermaßen auch Leerzeiten müssen nicht bezahlt werden und das Unternehmen kann bei Bedarf die Verkaufs- und Produktionszeiten variabel ausweiten. Anzumerken ist hier, dass bei einer Anpassung der Arbeitszeit stets die rechtlichen Rahmenbedingungen zu berücksichtigen sind, welche durch die allgemeinen Vorschriften im Arbeitszeitgesetz geregelt werden.[82]

---

[79] Vgl. Wolf, G. (2013), S. 256.
[80] Vgl. Zeitbüro NRW (2008), S. 6-7.
[81] Vgl. Agentur für Arbeit (2014), S. 3-5.
[82] Vgl. Kompetenzzentrum Fachkräftesicherung (2013), S. 3.

4.2.1.1 Gleitende Arbeitszeit

Die bekannteste und in der Unternehmenspraxis verbreitetste Form der Arbeitszeitgestaltung stellt die gleitende Arbeitszeit dar. Ein Mitarbeiter kann in einem vorher definierten Umfang über Anfang und Ende seiner Arbeitszeit selbst entscheiden. Dabei geht es im Wesentlichen um den Arbeitsbeginn und das Arbeitsende. So spricht man von einer Kernzeit, in der Anwesenheitspflicht besteht und einer Gleitzeitspanne, die variabel vom Mitarbeiter ausgelegt werden kann. Dabei ist die qualifizierte Gleitzeitregelung die herkömmliche Variante. Zeitguthaben oder - schulden können in einem vorher definierten Umfang in den nächsten Monat übertragen werden. Bei der freien Gleitzeitregelung hingegen wird der Saldo nahezu uneingeschränkt auf einem Arbeitszeitkonto festgehalten. Die Arbeitszeiten werden manuell durch Selbstaufschreibung oder automatisiert durch eine Zeiterfassung dokumentiert und ausgewertet.[83] Gleitzeitlösungen sind mit geringem Aufwand bei der Einführung in allen Formen und Bereichen des Unternehmens umsetzbar. So können Unternehmen in Spitzenzeiten entlastet werden und die Mitarbeiter profitieren von einer besseren Vereinbarkeit von Beruf- und Privatleben, indem Termine während der Gleitzeitspannen wahrgenommen werden können. Neben einer höheren Zufriedenheit der Mitarbeiter, zeichnet sich diese Form der Arbeitszeitflexibilisierung durch einen geringen Verwaltungsaufwand und damit auch durch geringe Verwaltungskosten aus. Unternehmen, die über eine durchgehende Produktion verfügen oder im 24 Stunden Schichtbetrieb arbeiten, sollten dennoch genau prüfen, ob diese Form im Unternehmen umsetzbar ist, da ein höherer Aufwand durch die Koordination der Mitarbeiter notwendig wird.[84]

4.2.1.2 Jahresarbeitszeitkonto

Ein weiteres Instrument im Rahmen der flexiblen Arbeitszeitgestaltung stellen die sogenannten Arbeitszeitkonten dar, die in Kurzzeit-, Langzeit- und Lebensarbeitszeitkonten unterschieden werden. Kurzzeitkonten werden in Zeiteinheiten geführt. Der Ausgleich für den Mitarbeiter erfolgt in Freizeitgewährung. Zudem werden Höchstgrenzen für Zeitguthaben oder Schulden festgelegt. Der Zeitraum, in dem der Ausgleich gewährt wird, beträgt zwischen einem und maximal zwölf Monaten. Langzeitarbeitszeitkonten werden in Zeit- oder Geldeinheiten geführt und dienen einer längerfristigen Ansparung. Der Ausgleich kann daher auch für längere arbeitsfreie Zeiträume genutzt werden, bspw. für Urlaubsreisen, Fortbildungen oder

---

[83] Vgl. Kolb, M. (2010), S. 335-336.
[84] Vgl. Kompetenzzentrum Fachkräftesicherung (2013), S. 4.

ein Sabbatical.[85] Bei der dritten Variante von Arbeitszeitkonten steht die Lebensarbeitszeit im Mittelpunkt. Diese Konten werden ausschließlich in Geldeinheiten geführt, die Ansparung wird dem Mitarbeiter über den gesamten Zeitraum seiner Erwerbstätigkeit gestattet. Der Ausgleich erfolgt mit einem früheren Eintritt in den Ruhestand.[86]

In dieser Untersuchung soll das Jahresarbeitszeitkonto, welches als Kurzzeitkonto einzuordnen ist, vorgestellt werden. Dabei wird auf Basis der durchschnittlichen Wochenarbeitszeit hochgerechnet, welche Jahresstundenzahl der Mitarbeiter abzuleisten hat. Durch Auftragsbedingte und saisonale Schwankungen sowie aus persönlichen Gründen ist es einem Mitarbeiter möglich mehr oder weniger Arbeitsstunden abzuleisten, wenn die durchschnittliche Stundenzahl innerhalb des Jahres wieder ins Gleichgewicht gebracht wird. Die Bezahlung richtet sich nicht nach der tatsächlich geleisteten monatlichen Stundenzahl und bleibt somit unverändert stabil.[87] Ein Jahresarbeitszeitkonto entwickelt seine besonderen Stärken in einem Unternehmen, welches mit erhöhten saisonbedingten Schwankungen der Auftragslage zu kämpfen hat. Die flexible Anpassung der Arbeitszeit des Mitarbeiters an das veränderte Auftragsvolumen verschafft dem Unternehmen Kostenersparnisse, da anfallende Überstunden nicht gesondert vergütet werden müssen. Zudem entstehen für den Mitarbeiter keine finanziellen Einbußen, da die Höhe der monatlichen Gehaltszahlung unverändert bleibt. Als wesentlicher Vorteil ist weiter die Vermeidung von Kündigungen zu nennen, die aufgrund der flexiblen Arbeitszeitgestaltung ausbleiben. Den genannten Vorteilen stehen jedoch einige Nachteile gegenüber. Neben dem erhöhten Planungsaufwand durch die Notwendigkeit einer vorausblickenden Personalplanung, sind die Mitarbeiter in den Zeiten des erhöhten Arbeitsaufkommens durch die erhöhte Anzahl an Arbeitsstunden, hohen körperlichen Belastungen ausgesetzt. Zudem scheint es schwierig, die Arbeitszeitvorgaben des Gesetzgebers immer korrekt einzuhalten. Den Mitarbeitern muss ein ausreichender Ausgleich durch die Gewährung von Freizeit ermöglicht werden. Bei einer vorausschauenden Personalplanung stellt dies zusätzlichen Aufwand im Unternehmen dar und verursacht natürlich auch zusätzliche Kosten.[88] In Abbildung 7 ist beispielhaft dargestellt wie ein Arbeitszeitkonto funktioniert.

---

[85] Das Sabbatical ist ein Arbeitszeitmodell, welches dem Arbeitnehmer die Möglichkeiten einräumt, für einen längeren Zeitraum, in der Regel 3-12 Monate aus dem Job auszusteigen und nach dieser Zeit an den Arbeitsplatz zurück zu kehren. Dieser Langzeiturlaub wird durch die Ansparung von Urlaubsansprüchen ermöglicht. Die Nutzung wird häufig für außerberufliche Zwecke oder auch zur Weiterbildung des Arbeitnehmers genutzt.
[86] Vgl. Kolb, M. (2010), S. 340-341.
[87] Vgl. Hollmann, C., et al. (o. J.), S. 5.
[88] Vgl. Kompetenzzentrum Fachkräftesicherung (2013), S. 4.

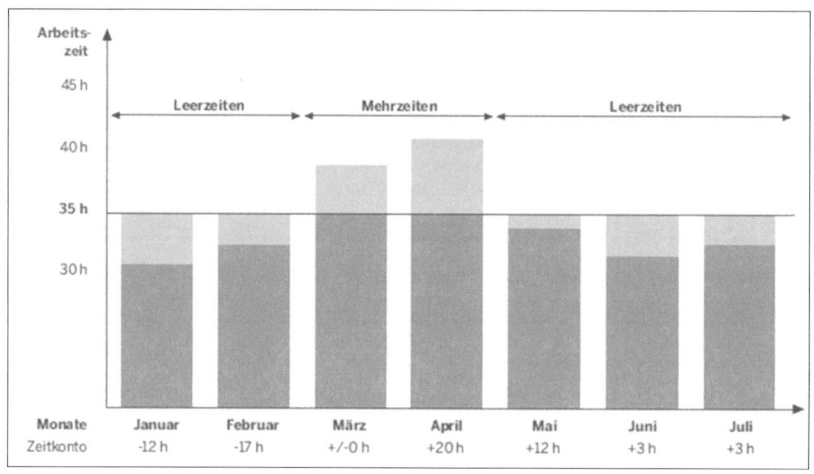

Abbildung 7: Beispiel der Funktion eines Arbeitszeitkontos
[Quelle: Zeitbüro NRW (2008), S. 10.]

4.2.1.3 Vertrauensarbeitszeit

Eine besondere Alternative, durch welche die absolute Flexibilisierung der Arbeitszeit ermöglicht wird, kann durch die Einführung der Vertrauensarbeitszeit geschaffen werden. In der Praxis bedeutet dies den vollkommenen Verzicht von Arbeitszeiterfassung und Kontrolle durch das Unternehmen. Der Mitarbeiter erhält keine Arbeitszeitvorgaben, vielmehr werden Arbeitsziele festgelegt, die es zu erreichen gilt. Zudem ist die Erfüllung nicht an einen bestimmten Ort gebunden, so dass der Mitarbeiter diesen frei wählen kann. Die vertraglich geregelte Arbeitszeit bildet die Grundlage für die Vergütung.[89] In der Literatur ist auch vom Wandel der „Zeitkultur" zu einer „Leistungskultur" die Sprache. Durch diesen Wandel steht vielmehr die Erreichung der Arbeitsziele im Mittelpunkt und weniger das reine „Absitzen" von Arbeitszeit. Die Vertrauensarbeitszeit legt den Fokus auf das Vertrauen des Unternehmens dem Mitarbeiter gegenüber, indem es diesem ermöglicht, seine Arbeitszeit flexibel einzusetzen und zu erfassen.[90]

In der Praxis ist diese Form der Arbeitszeitflexibilisierung insbesondere für Mitarbeiter geeignet die nicht im Team arbeiten, wie z.B. Außendienst- oder Projektmitarbeiter. Vertrauensarbeitszeit ist dann sinnvoll eingesetzt, wenn sie sich für Unternehmen und Mitarbeiter in

---

[89] Vgl. Hollmann, C. et al. (o. J.), S. 5.
[90] Vgl. Kolb, M. (2010), S. 343.

gleicher Weise lohnt. Das Unternehmen kann durch den Wegfall der Zeiterfassung Kosten einsparen und zugleich von der erhöhten Produktivität des Mitarbeiters profitieren, da die sonst üblichen Leerzeiten wegfallen. Die bessere Vereinbarkeit von Beruf und Privatleben des Mitarbeiters, erreicht häufig eine erhöhte Leistungsbereitschaft, die sich durch Zufriedenheit am Arbeitsplatz ausdrückt.[91] Zudem wird das unternehmerische Denken gefördert, da die Mitarbeiter an vorher vereinbarten Zielen gemessen werden. Nicht selten leidet jedoch die Work-Life-Balance der Mitarbeiter, da zwischen Beruf- und Privatleben keine eindeutige Grenze mehr gezogen werden kann. Um diesen Risiken entgegen zu wirken sind klare Zielvereinbarungen und deutliche Kommunikation mit dem Mitarbeiter notwendig. Eine gute Personalführung unterstützt die Prävention zusätzlich.[92]

4.2.1.4 Telearbeit

Als besondere Form der Arbeitszeitgestaltung wird die Telearbeit betrachtet. Als Ergänzung zum klassischen Instrument der Heimarbeit werden die heutigen Möglichkeiten der Telekommunikations- und Informationstechnologie mit berücksichtigt. Der Mitarbeiter ist durch einen Arbeitsvertrag an das Unternehmen gebunden, damit er nicht als Freiberufler eingeordnet werden kann. Der Arbeitsort, welcher in einem gewissen Mindestumfang genutzt werden muss und sich außerhalb der Betriebsstätte befindet, ist mit Informations- und Telekommunikationstechnologie ausgestattet. Die Gestaltung der Telearbeit ist individuell auf den Mitarbeiter im Unternehmen anpassbar. So ist die in der Praxis am häufigsten genutzte Variante, die sog. alternierende Telearbeit, dadurch gekennzeichnet, dass der Mitarbeiter im Unternehmen weiter einen festen Arbeitsplatz besitzt jedoch seine Arbeit überwiegend von Zuhause erledigt. Die Arbeitsplätze im Betrieb können als flexible Arbeitsplätze installiert und durch mehrere Mitarbeiter gemeinsam genutzt werden.[93]

Die Arbeitszeiten erfasst der Mitarbeiter selbstständig. Hierdurch wird auch deutlich, dass das Unternehmen auf eine Vertrauenskultur baut, welche die Mitarbeiter zusätzlich motiviert und dadurch das Leistungspotenzial erhöht. Telearbeit zeichnet sich durch eine erhöhte Kundenbindung aus, welche durch die zusätzliche Servicezeit außerhalb der Büroöffnungszeiten entsteht. Die Konzentration der Mitarbeiter wird verbessert, da diese aufgrund einer geringen Anzahl von Störfaktoren weniger gestört werden als im Büro. Die Motivation des Mitarbeiters wird gesteigert,

---

[91] Vgl. Wolf, Y. (2010), o. S.
[92] Vgl. Institut der deutschen Wirtschaft (o. J.), o. S.
[93] Vgl. Kolb, M. (2010), S. 344.

da selbst über den Arbeitsort entschieden werden kann. Das Unternehmen reduziert Kosten durch den Wegfall von zusätzlichen Arbeitsräumen. Die Reisekosten werden verringert. Ein Aspekt, der u.a. als ökologischer Vorteil eingeordnet werden kann. Es werden Möglichkeiten geschaffen, Mitarbeiter weiterhin an das Unternehmen zu binden oder neue Arbeitsplätze zu generieren. So können bspw. Mitarbeiter, die sich in Elternzeit befinden oder Mitarbeiter, die eine Behinderung haben, durch diese Maßnahme von Zuhause tätig bleiben bzw. werden. Um die technischen und arbeitsrechtlichen Aspekte der Telearbeit zu berücksichtigen, sind einige Investitionen in IT, Telekommunikation sowie die Arbeitsplatzgestaltung notwendig, die für kleine Unternehmen abschreckend wirken könnten, in diese Form der Arbeitszeitflexibilisierung zu investieren. Daher bedarf es einer genauen Planung und Umsetzung, auch bei technischen Problemen vor Ort, die sonst innerhalb des Unternehmens gelöst werden können. Der Arbeitsplatz sollte in separaten Räumlichkeiten eingerichtet werden, damit die Gefahr eines unproduktiven Arbeitens durch mögliche Störfaktoren minimiert wird. Wie bei der Vertrauensarbeit auch, ist eine klare und deutliche Kommunikation mit dem Mitarbeiter notwendig, damit die Work-Life-Balance nicht leidet. Die Führungskräfte im Unternehmen sind gefordert, da die Führung und Kontrolle auf Distanz geschehen muss. Zudem ist darauf zu achten, dass die Fachkraft sich nicht ausgeschlossen fühlt und in sozialer Isolation versinkt. Möglicherweise beeinträchtigt die Abstinenz zudem die Bindung an die Organisation.[94]

4.2.2 Teilzeitangebote

Als eine weitere Grundform der flexiblen Arbeitszeitgestaltung, die KMU in der Praxis einsetzen können um ihre Mitarbeiter zu binden, ist das Handlungsfeld der Teilzeitarbeit mit seinen verschiedenen Formen in der Literatur und Praxis fest verankert. Da diese Maßnahme getrennt von der flexiblen Arbeitszeitgestaltung innerhalb der Studie als Antwortmöglichkeit gegeben war, wird die Betrachtung in dieser Arbeit als einzelner Aspekt vorgenommen um später eine Gegenüberstellung zu ermöglichen. Das Angebot der Teilzeitarbeit setzt an der reduzierten Arbeitszeit an und wird im Beschäftigungsförderungsgesetz von 1985 sowie im Teilzeit- und Befristungsgesetz von 2000 definiert. Hauptmerkmal ist, dass die regelmäßige Wochenarbeitszeit im Vergleich zu vollzeitbeschäftigten Arbeitnehmern kürzer ist. Der Wochendurchschnitt liegt bei Teilzeitkräften i.d.R zwischen 10-30 Arbeitsstunden.[95] Theore-

---

[94] Vgl. Kompetenzzentrum Fachkräftesicherung (2013), S. 5.
[95] Vgl. Hollmann, C. et al. (o. J.), S. 6.

tisch betrachtet, arbeiten also alle Mitarbeiter in Teilzeit, die einen reduzierten Stundenumfang im Unternehmen ableisten. Auch diejenigen, die lediglich einen geringfügigen, nicht sozialversicherungspflichtigen Arbeitsvertrag besitzen. In der Literatur existiert eine Vielzahl von Möglichkeiten zur Ausgestaltung von Teilzeitbeschäftigungen, die allesamt erwähnenswert sind. In dieser Untersuchung sollen, neben den klassischen sozialversicherungspflichtigen Teilzeitverträgen, die Sonderform des Job-Sharing dargestellt werden.

4.2.2.1 Teilzeitverträge

Das klassische Teilzeitmodell mit bspw. einer Wochenstundenzahl von 25 ist in der Praxis die am häufigsten eingesetzte Vertragsform der Teilzeitmodelle. Die vertraglich vereinbarte Wochenarbeitszeit des Mitarbeiters wird auf fünf Arbeitstage in der Woche verteilt. Diese Form ist für die Unternehmen am einfachsten umzusetzen, da der Mitarbeiter trotz seiner verringerten Wochenarbeitszeit jeden Tag im Unternehmen ist.[96] Der Einsatz von Teilzeitverträgen ermöglicht eine individuelle Anpassung der Arbeitszeit und schafft für Unternehmen und Mitarbeiter ein zusätzliches Maß an Flexibilität.[97] Ergänzende Möglichkeiten für eine Gestaltung bieten die speziellen Varianten Blockteilzeit, Jahresteilzeit oder die kombinierte Nutzung mit Arbeitszeitkonten oder der Vertrauensarbeitszeit. Wichtig ist es auch hier, die gesetzlichen Regelungen zu beachten.[98] Für Unternehmen ist diese Form der Arbeitszeitflexibilisierung dann einsetzbar, wenn eine Stelle im Unternehmen die Voraussetzung erfüllt, dass die Aufgaben die mit dieser zusammenhängen auf mehrere Mitarbeiter verteilbar sind. Umso komplexer die Stelle, umso schwieriger ist eine Umsetzung durch Möglichkeiten der Teilzeitarbeit. Für ein Unternehmen entsteht durch die Schaffung von Teilzeitarbeitsplätzen mehr Flexibilität beim Einsatz des Personals. Mitarbeiter können langfristig an das Unternehmen gebunden werden, z.B. bei einem Wiedereinstig in den Beruf nach einer Schwangerschaft. Zugleich profitieren die Mitarbeiter von einer besseren Vereinbarkeit von Beruf und Privatleben, da Sie trotz geringerer Arbeitsstunden im Unternehmen weiterarbeiten können. Mit der Einführung von Teilzeitarbeitsplätzen ist auf Unternehmensseite grundsätzlich damit zu rechnen, dass durch die steigende Mitarbeiterzahl, der Verwaltungsaufwand zunimmt, welcher auf den erhöhten Koordinationsaufwand zurückzuführen ist.[99]

---

[96] Vgl. Agentur für Arbeit (2014), S. 6.
[97] Vgl. Kolb, M. (2010), S. 337.
[98] Vgl. Kompetenzzentrum Fachkräftesicherung (2013), S. 7.
[99] Vgl. Scherm, E., Süß, S. (2010), S. 138-139.

4.2.2.2 Job-Sharing

Eine besondere Form der Implementierung von Teilzeitverträgen im Unternehmen stellt das sogenannte Job-Sharing dar. Hier teilen sich i.d.R. zwei Mitarbeiter eines Unternehmens eine Vollzeitarbeitsstelle. Im Rahmen der gesetzlichen Rahmenbedingungen können sich die Angestellten die Arbeit untereinander selbstständig aufteilen. So ist der Einsatz von mehreren Mitarbeitern für eine Arbeitsstelle eine Lösung für Teilzeitangestellte an Projekten mitzuarbeiten, bei denen aufgrund von fehlendem Budget nur wenige Mitarbeiter berücksichtigt werden können. Zudem besteht durch dieses Modell die Möglichkeit eine Arbeitsstelle im Unternehmen zu besetzen, welche aufgrund fehlender Bewerber, die in Vollzeit arbeiten könnten, nicht besetzt werden kann.[100] Der Arbeitnehmer profitiert auch bei dieser Form von einer erhöhten Flexibilität und Arbeitszeitsouveränität. Die Abstimmung untereinander gestaltet sich eventuell schwierig, zudem eine Vertretung nicht fest planbar ist. Das Unternehmen kann mit einem ständig besetzten Arbeitsplatz kalkulieren und profitiert von einer erhöhten Leistungsbereitschaft der Mitarbeiter. Im Falle des Ausscheidens oder im Krankheitsfall von einem der beiden Mitarbeiter ist die Stelle durch die weitere Person gesichert. In Zeiten eines erhöhten Arbeitsaufkommens wird dieser Mehraufwand durch die weitere Person aufgefangen. Die notwendige Übergabe zwischen den Mitarbeitern ist, ebenso wie die evtl. fehlende Dynamik zwischen den beiden „Job-Sharern", als nachteilig anzusehen. Als Sonderform ist in der Praxis das Job-Splitting etabliert, dabei werden die Mitarbeiter auf zwei unabhängige Teilzeitarbeitsplätze verteilt. Im Gegensatz zum Job-Sharing ist hier lediglich das Aufgabenspektrum und nicht der einzelne Arbeitsplatz identisch. Diese Variante bietet sich jedoch insbesondere für die Gestaltung von Arbeitsplätzen an, bei denen das Aufgabengebiet nicht besonders umfangreich ist.

4.2.3 Betriebsklima

In der Studie der QRC Group wird dem Handlungsfeld des Betriebsklimas eine hohe Bedeutung zugesprochen. Hierüber hinaus soll ein gutes Betriebsklima auch am häufigsten in den Unternehmen bewusst eingesetzt werden, um die Mitarbeiter zu binden. Das Betriebsklima zu messen, erscheint schwierig und nicht quantifizierbar. Darstellbar und messbar aber ist eine Symbiose von Maßnahmen, die dazu beitragen, dass die Mitarbeiter sich wohlfühlen und die gute Stimmung Einfluss auf die Qualität des Betriebsklimas im Unternehmen hat. Gemäß Lutz von Rosenstiel

---

[100] Vgl. Kompetenzzentrum Fachkräftesicherung (2013), S. 8.

wird das Betriebsklima als die Summe der Qualität der sozialen Beziehungen und deren prägender Einflüsse, wie diese von den Mitarbeitern erfasst und evaluiert werden und deren Verhalten beeinflussen, bezeichnet.[101] Die verschiedenen Stimmungen im Unternehmen werden durch die Vielzahl von aufeinandertreffenden Meinungen und Gefühlen beeinflusst und können eine positive oder negative Atmosphäre kreieren.[102] Jeder Einzelne nimmt dabei das Betriebsklima als sich verselbstständigendes Gefühl und als Momentaufnahme der Verhältnisse im Unternehmen wahr.[103] Nach von Rosenstiel ist das Interesse an Konzepten zum Betriebsklima in der Praxis so groß, weil es ein wesentliches Element und Instrument des Personalmarketings ist. Untersuchungen zeigen, dass die Sozialbeziehungen im Betrieb einen maßgeblichen Einfluss auf das Betriebsklima besitzen. Vor dem Hintergrund des demografischen Wandels und dem damit verbundenen Fachkräftemangel, scheint es förderlich, sich mit der Thematik auseinanderzusetzen um Maßnahmen ableiten zu können, die bei der Bindung von Mitarbeitern unterstützen. Als weiterer Aspekt verweist von Rosenstiel darauf, dass ein gutes Betriebsklima zudem einen wichtigen Einflussfaktor für eine gute Arbeitsleistung der Mitarbeiter darstellt.[104] Das Betriebsklima wird durch eine Vielzahl von Faktoren im Betriebsablauf beeinflusst. In der Literatur existieren daher auch ebenso viele Maßnahmen und Möglichkeiten die darauf wirken. Welche sind jedoch die richtigen um das Betriebsklima als Bindungsinstrument in KMU einzusetzen? Die Studie der QRC Group liefert hier leider keine Hinweise auf die einzelnen Instrumente, die von den Unternehmen in der Praxis eingesetzt werden. Von Rosenstiel verweist darauf, dass für einen Praxistransfer systematisch und aufeinander abgestimmte Maßnahmen konzeptioniert werden müssen. Durch die Fokussierung auf einzelne Bereiche würden wichtige Komponenten vergessen werden, die für eine ganzheitliche Betrachtung der Thematik notwendig sind. Zu diesen Elementen gehören Faktoren, wie u.a. die Unternehmens- und Führungskultur, die Kommunikation, die Struktur und die Hierarchie, das Miteinander der Kollegen und auch monetäre Aspekte, wie die Transparenz über die Höhe der Gehälter, Bonussysteme und Sozialleistungen. Die Verknüpfung der verschiedenen Komponenten ermöglicht eine systemische Umsetzung und sollte im Unternehmen angestrebt werden.[105] Um die Maßnahmen im weiteren Verlauf zielführend bewerten zu können und für den Praxiseinsatz relevante Informationen zu liefern, wird in dieser Untersuchung

---

[101] Vgl. von Rosenstiel, L. (2003), S. 27.
[102] Vgl. Kock, K., Kutzner, E. (2003), S. 15.
[103] Vgl. von Friedeburg, L. (1963), S. 19.
[104] Vgl. Von Rosenstiel, L. (2003), S. 27-28.
[105] Vgl. Von Rosenstiel, L. (2003), S. 36-37.

die Auswahl auf die Bereiche der Unternehmenskultur, das Führungsverhalten, die interne Kommunikation und auf das betriebliche Gesundheitsmanagement gelegt.

4.2.3.1 Unternehmenskultur

Die Unternehmenskultur hat einen großen Einfluss auf das Betriebsklima und damit gleichzeitig einen großen Anteil an der Bindung von Mitarbeitern.[106] „Unternehmenskulturen sind Werte, Denkvorstellungen und Normen, die das Verhalten jedes Einzelnen im Unternehmen prägen"[107]

Als zentrale Aspekte der Nutzung der Unternehmenskultur zur Mitarbeiterbindung werden die Bekundung von Vertrauen, Wertschätzung und die Respektierung und Achtung den Mitarbeitern gegenüber genannt.[108] Der Aspekt der Wertschätzung wird dabei besonders betont, denn erst durch diese Art von Anerkennung, der Person und dessen Leistungen gegenüber, wird eine indirekte Form der Bindung geschaffen.[109] Um die Unternehmenskultur zu beschreiben, wird häufig das Beispiel eines Eisbergs genannt. Alles was sich über der Wasseroberfläche befindet, wie etwa Leitbilder, Visionen, Werte und Regeln, sind deutlich erkennbar. Der Großteil der Unternehmenskultur ist jedoch nicht direkt sichtbar und befindet sich unter der Wasseroberfläche. Hierzu zählen sowohl versteckte Regeln, Umgangsformen, Einstellungen und Gefühle, als auch Tabus.[110] Die stärkste Ausprägung der Bindung wird durch Identifikation erreicht. Dabei korrespondieren die Werte und Ziele des Mitarbeiters mit denen des Unternehmens. Der Mitarbeiter verfolgt dabei das Ziel, diese Verbindung unbedingt beizubehalten und engagiert sich dementsprechend stark für das Unternehmen. Diese Tatsache kann für ein Unternehmen erfolgsversprechend genutzt werden. Neben der Steigerung der emotionalen Bindung des Mitarbeiters, kann über die Begeisterung, in größter Ausprägung Identifikation erzeugt werden. Nach Günter Wolf erreicht zielorientiertes Engagement als Ergebnis Erfolg. Erfolg erscheint daher als ein adäquater Wert, um aus dem individuellen Blickwinkel des Mitarbeiters, neben emotionaler Bindung, auch Identifikation abzubilden.[111] Um eine auf Erfolg ausgerichtete Unternehmenskultur zu etablieren, ist es zwingend notwendig, dass allen Mitarbeitern deutlich gemacht wird, dass die Arbeitsergebnisse, insbesondere mit Blick auf mögliche resultierende Folgen, auf Erfolg ausgerichtet sind. Zudem ist eine deutliche Unter-

---

[106] Vgl. Leuphana Universität (o. J.), S. 17.
[107] Szebel-Habig, A. (2004), S. 89.
[108] Vgl. Knoblauch, R. (2004), S. 114.
[109] Vgl. Bertrand, M. (2004), S. 274.
[110] Vgl. Hockling, S. (2012), o. S.
[111] Vgl. Wolf, G. (2013), S. 249.

scheidung zwischen Leistung und Erfolg festzulegen und kenntlich zu machen. Gute Leistungen sollten honoriert und Erfolge gefeiert werden.[112] Als weiteren Aspekt zur Beeinflussung des Betriebsklimas durch die Unternehmenskultur nennt Günter Wolf die Mitarbeiterzentrierung. Viele Geschäftsführer erkennen inzwischen, dass die Menschen das prägende Element eines Unternehmens darstellen. Eine mitarbeiterzentrierte Unternehmenskultur auf Grundlage von motivierenden Visionen, gemeinsam formulierten Werten, einer transparenten Unternehmensstrategie und derivativen Zielen sowie deutlichen Leitbildern, unterstützen die Steigerung der Mitarbeiterzufriedenheit und das Leistungspotenzial. Dafür ist es notwendig, dass die Geschäftsleitung diese Kultur erkennbar vorlebt und regelmäßig kommuniziert, damit alle Mitarbeiter davon partizipieren können.[113] Das Leitbild des Unternehmens sollte die Eigenschaften von Wertschätzung, Akzeptanz, Toleranz und Vielfalt miteinander verknüpfen. Das Miteinander kann durch gemeinsame Unternehmungen, wie etwa Sportveranstaltungen oder Grillfeste, gestärkt werden. Ein Verhaltenskodex, der als Grundsatz manifestiert wird, unterstützt das Miteinander der Belegschaft und fördert Respekt, Toleranz und Wertschätzung. Entscheidend für die positive Unternehmenskultur und damit einhergehend die Existenz eines guten Betriebsklima ist, dass die Unternehmenskultur von allen gelebt und vorgelebt wird.[114] Nach Günter Wolf kann ein Unternehmen durch die Ausrichtung der Unternehmenskultur auf die Mitarbeiter das größtmögliche Maß an emotionaler Bindung erzeugen, da diese sich stärker mit dem Unternehmen identifizieren. Bei der Umsetzung ist es notwendig klare Ziele, Werte und Informationen zu kommunizieren, damit diese Faktoren Leistungsanreize generieren und sich die erfolgsorientierte- und mitarbeiterzentrierte Form der Unternehmenskultur erfolgreich etablieren lässt. Neben den positiven Auswirkungen auf das Betriebsklima wird die Mitarbeiterbindung wesentlich unterstützt.[115]

4.2.3.2 Führungsverhalten

Ein weiterer Aspekt zur Verbesserung des Betriebsklimas wird durch das Führungsverhalten ermöglicht. Die Führungskräfte sind dafür verantwortlich, die Ziele des Unternehmens mit den Interessen der Mitarbeiter zu verknüpfen, denn eine positive Führungskultur spiegelt sich in der Zufriedenheit des einzelnen Mitarbeiters und damit im Betriebsklima wieder. Der

---

[112] Vgl. Wolf, G. (2013), S. 178-179.
[113] Vgl. Wolf, G. (2013), S. 250.
[114] Vgl. RKW Kompetenzzentrum (2015), S. 65.
[115] Vgl. Wolf, G. (2013), S. 250.

Führungskraft muss bewusst sein, dass sie eine Vorbildfunktion einnimmt und alle Maßnahmen sich auf die Motivation und damit auch auf die Arbeitsleitung der Mitarbeiter auswirken.[116] Studien und Literatur verweisen auf eine enge Beziehung zwischen dem Führungsverhalten und der Arbeitsleistung, der Zufriedenheit, der Motivation und des Commitment der Mitarbeiter. Die "Engagement Studie" des Gallup Institutes ermittelt jährlich die Zufriedenheit der Mitarbeiter und bewertet die emotionale Bindung. Ein wichtiger Aspekt für die Mitarbeiterbindung wird dem Führungsverhalten bescheinigt, denn ein häufiger Grund für die geringe oder nicht vorhandene emotionale Bindung ist auf Mängel in der Personalführung zurückzuführen.[117] Dabei stehen die Anerkennung von Leistungen und die Gewährung von Gestaltungsspielräumen im Berufsalltag ebenso im Vordergrund, wie etwa die Rolle der Führungskraft als Vorbildcharakter. Ein positives Führungsverhalten kann, aufgrund der unterschiedlichen Gegebenheiten in den Unternehmen, nur schwer bewertet werden. Fundamental erscheint jedoch das Dialog- und Bestätigungsverhalten. Diese Kompetenzen ermöglichen der Führungskraft bedarfsgerecht auf die Bedürfnisse der Mitarbeiter einzugehen und deren Potenzial und Arbeitsleistung positiv zu beeinflussen. Dabei spielt auch die Qualität des Feedbacks an den Mitarbeiter eine zentrale Rolle, welches durch regelmäßige Mitarbeitergespräche oder mit Hilfe von Beurteilungssystemen abgebildet und übermittelt werden kann.[118]

Als wichtigster Aspekt des Führungsverhaltens ist der Führungsstil zu nennen. Dies machen Erkenntnisse, die aus den Untersuchungen in der Literatur zu finden sind, deutlich. Ein guter Führungsstil bildet die Grundlage für den langfristigen Erfolg. Der Fokus liegt dabei auf der Implementierung eines kooperativen Führungsstils unter Einbeziehung der Mitarbeiter und aller anderen Stakeholder, um die Interessen, Wünsche und Meinungen dieser verschiedenen Anspruchsgruppen miteinander zu verknüpfen und diesen gerecht zu werden. Den Mitarbeitern sind Möglichkeiten zu offerieren wodurch Sie im Unternehmen aktiv mitgestalten und mitwirken können. Die Führungskraft sollte zudem anstreben die Mitarbeiter zu mehr Eigenverantwortung anzuleiten. Ziel muss es sein, ein Betriebsklima zu generieren, welches sich durch ein faires Miteinander, gegenseitigen Respekt, einer offenen Kommunikation, Engagement und Leistungsbereitschaft auszeichnet und auf Vertrauen beruht. Unternehmen, die sich mit der Integration einer positiven Führungskultur auseinandersetzen, sind in der Lage maßgeblich Einfluss auf Produktivität und Motivation der Mitarbeiter zu nehmen um

---

[116] Vgl. RKW Kompetenzzentrum (2015), S. 66
[117] Vgl. Gallup (2013), o. S.
[118] Vgl. RKW Kompetenzzentrum (2010), S. 12.

Wettbewerbsvorteile zu generieren. Dieses Engagement wirkt sich zudem vorteilhaft auf die Innovationsfähigkeit des Unternehmens aus. Das positive Betriebsklima unterstützt dabei neue Fachkräfte zu gewinnen und langjährige Mitarbeiter an das Unternehmen zu binden.[119]

4.2.3.3 Interne Kommunikation

Um das Betriebsklima im Unternehmen positiv zu gestalten wird in der Literatur häufig auf eine offene und transparente Kommunikation im Unternehmen verwiesen. Das Betriebsklima hängt zu einem Großteil von der Zufriedenheit der Mitarbeiter ab und nach von Rosenstiel wirkt sich die innerbetriebliche Kommunikation auf die Arbeitszufriedenheit und somit auch auf die Bindung des Mitarbeiters aus.[120] Den Grundstein für den Unternehmenserfolg bildet ein hoher Informationsgrad. Um zielgerichtet und erfolgswirksam zu handeln ist es erforderlich, dass die Mitarbeiter wissen was im Unternehmen und im direkten Umfeld geschieht.[121] Als Teilbereich der Unternehmenskommunikation beinhaltet die interne Kommunikation alle Maßnahmen der Kommunikation, welche zwischen den Mitgliedern innerhalb des Unternehmens stattfinden. Philipp Meier definiert diese als „ ...ein Instrument der Unternehmenskommunikation, welches mittels klar definierter, regelmäßig oder nach Bedarf eingesetzter und kontrollierender Medien, die Vermittlung von Informationen sowie die Führung des Dialoges zwischen der Unternehmensleitung und den Mitarbeiterinnen und Mitarbeitern sicherstellt."[122] Die interne Kommunikation unterstützt das Unternehmen dabei die Unternehmenskultur an die Mitarbeiter zu übermitteln und ist eine Grundvoraussetzung um als Unternehmen glaubwürdig aufzutreten.[123] Auf der Grundlage der eigenen Unternehmenskultur und vor dem Hintergrund der Ziele des Unternehmens, findet die Gestaltung dieser Maßnahmen einseitig, also aus der Sicht des Unternehmens statt. Neben der Bereitstellung von Informationen, stehen die Steigerung der Identifikation des Mitarbeiters, der Aufbau von Vertrauen in das Unternehmen und die Verbesserung der Mitarbeiterzufriedenheit im Fokus.[124] Als Instrumente der internen Kommunikation stehen klassische Maßnahmen wie z.B. Newsletter, Mitarbeiterzeitschriften oder die Mitarbeiterversammlung zur Verfügung.[125] Der Einsatz von Maßnahmen der internen Kommunikation ermöglicht eine offene und transparente Kultur, in

---

[119] Vgl. Rodenstock, R. (2014), o. S.
[120] Vgl. von Rosenstiel, L. (2001), S. 231.
[121] Vgl. Bruns, B. et al. (2008), S. 75.
[122] Meier, P. (2002), S. 17.
[123] Vgl. Dörfel, L. (2008), S. 11.
[124] Vgl. Mast, C. (2013), S. 224-228.
[125] Vgl. Meier, P. (2002), S. 46-57.

dem die Mitarbeiter geschätzt, Informationen und Lösungsansätze geteilt werden. Eine offene Kommunikationskultur wird durch die Anerkennung von Ideen der Mitarbeiter gefördert.[126] Die fehlende oder mangelnde Kommunikation in KMU spiegelt sich häufig im Erfolg oder eben Misserfolg des Unternehmens wieder. Dabei ist die starre Ausrichtung der Steuerung der gesamten Kommunikationsmaßnahmen auf die Person des Inhabers nicht immer nur vorteilhaft, sondern auch risikobehaftet. Denn häufig sind es die fehlenden Ressourcen, die einer Verteilung der Kommunikationsarbeit auf mehrere Schultern unmöglich machen. Damit die Kommunikation funktioniert, ist die interne Kommunikation als Führungsaufgabe zu definieren und es müssen ausreichend personelle Ressourcen zur Verfügung zu stehen damit die Voraussetzungen zur Mitarbeiterbindung und zur Identifikation mit dem Unternehmen aufgebaut werden können.[127] Diese Investitionen sind jedoch mit zusätzlichem Aufwand und auch Kosten verbunden, die nicht von jedem KMU bewältigt werden können.

4.2.3.4 Betriebliches Gesundheitsmanagement

Eine weitere Maßnahme zur Verbesserung des Betriebsklimas und damit auch zur Bindung von Mitarbeitern erzielt der Einsatz eines betrieblichen Gesundheitsmanagements (BGM). Unter einem BGM werden alle Tätigkeiten des Unternehmens verstanden, die anstreben die gesundheitliche Leistungsfähigkeit und das Wohlbefinden der Mitarbeiter zu erhalten und im besten Fall sogar zu verbessern.[128] Die Gesundheit der Mitarbeiter ist die Basis für das individuelle Wohlergehen und damit auch für die Arbeitsleistung. Die Ergebnisse der Implementierung von Maßnahmen eines BGM bilden daher ein Fundament für die soziale und wirtschaftliche Sicherheit innerhalb eines Unternehmens. Dabei spielt die Eigenverantwortung jedes Einzelnen eine entscheidende Rolle. Nur diejenigen Mitarbeiter, die ihrer Gesundheit eine hohe Priorität einräumen, sind offen für gesundheitsfördernde Maßnahmen. Das BGM strebt an, die Mitarbeiter zu sensibilisieren besser mit sich und ihrer Gesundheit umzugehen, dafür wird in erster Linie Wissen vermittelt welches dazu beitragen soll, dass angebotene Maßnahmen von den Mitarbeitern genutzt werden. Diese Akzeptanz ist notwendig, um das Unternehmen dabei zu unterstützen ein BGM zu implementieren und einen langfristigen Nutzen für die gesamte Belegschaft zu generieren.[129] Durch die auf die Work-

---

[126] Vgl. RKW Berlin (2010), S. 20-21.
[127] Vgl. Fischbach, C., Mack, J. (2008), S. 163-166.
[128] Vgl. Stotz, W., Wedel, A. (2009), S. 114.
[129] Vgl. UBGM (o. J), o. S.

Life-Balance ausgerichteten Maßnahmen sollen insbesondere krankheitsbedingte Ausfälle reduziert werden. Gleichzeitig sollen Stressfaktoren, welche die Fehlzeiten zusätzlich fördern, durch den begleitenden Einsatz von Instrumenten, wie etwa der Flexibilisierung der Arbeitszeit, abgebaut werden. Der Gesundheitsprävention von seelischen Belastungen im Arbeitsalltag ist gleichermaßen Sorge zu tragen, denn psychische Erkrankungen sind seit Jahren auf dem Vormarsch und verursachen immense Kosten für die Unternehmen und die Volkswirtschaft.[130] Für die Umsetzung in der Praxis empfiehlt sich eine ganzheitliche Betrachtung, da die Maßnahmen des Personalmarketings ineinander greifen. Neben der ergonomischen Gestaltung von Arbeitsplätzen, können Unternehmen Sehtests der Mitarbeiter durch einen Betriebsarzt durchführen lassen, eigene Sportangebote entwickeln und Seminare zur Gesundheitsförderung anbieten, die wiederum auch speziell für Führungskräfte konzipiert werden können. Der Maßnahmenkatalog ist vielfältig und es sind häufig schon kleine Investitionen zielführend. Der Aufwand ist mehr mit administrativen Aufgaben verbunden und verursacht keine immensen Kosten.[131] Die Maßnahmen zur Förderung der Gesundheit der Mitarbeiter werden seit dem 01.01.2009 mit einem lohnsteuerfreien Betrag von jährlich 500 Euro gefördert. Der Förderungskatalog umfasst neben Ernährungsangeboten, Stressbewältigung und Bewegungsprogrammen ebenso Maßnahmen zur Suchtprävention.[132] Die Vorteile des BGM überwiegen, denn die Unternehmen profitieren von einer gesteigerten Leistungsfähigkeit der Mitarbeiter. Zugleich wird die Identifikation mit dem Arbeitgeber gefördert. Ein BGM steigert zudem das Image und die Wettbewerbsfähigkeit des Unternehmens. Die Vorteile für die Mitarbeiter drücken sich sowohl in der Verbesserung des Gesundheitszustandes und der Lebensqualität, als auch in der Erhöhung der Arbeitszufriedenheit aus. Das BGM fördert ein positives Betriebsklima, die Belastungen für die Mitarbeiter werden reduziert und die Identifikation mit dem Arbeitgeber wird gesteigert da aktiv an der Gestaltung des Arbeitsablaufes und des Arbeitsplatzes mitgewirkt werden kann.[133]

---

[130] Vgl. Bundesministerium für Gesundheit (2014a), o. S.
[131] Vgl. Deller, J. et al. (2008), S. 210.
[132] Vgl. Bundesministerium für Gesundheit (2013), o. S.
[133] Vgl. Bundesministerium für Gesundheit (2014b), o. S.

4.3 Bewertung und Analyse der Maßnahmen

Im folgenden Kapitel sollen die vorgestellten Instrumente und Maßnahmen getrennt nach Handlungsfeldern durch die Abbildung über die Likert-Skala bewertet werden. Die Bewertungsgründe werden jeweils kurz dargestellt.

4.3.1 Wirkung auf die Mitarbeiterbindung in KMU

4.3.1.1 Flexible Arbeitszeiten

KMU besitzen gegenüber Großunternehmen den Vorteil der größeren Flexibilität. Die Möglichkeit der Flexibilisierung der Arbeitszeit ist daher häufig zügiger umsetzbar, da die Strukturen einfacher aufgebaut sind. Die gleitende Arbeitszeit wird in der Praxis am häufigsten eingesetzt, da sie auch innerhalb eines KMU relativ leicht umsetzbar erscheint. Einen deutlichen Wettbewerbsvorteil erzeugt die gleitende Arbeitszeit aber nicht, da dieses Modell nahezu als Selbstverständlichkeit angesehen wird. Anders sieht es beim Jahresarbeitszeitkonto aus, hier können KMU Wettbewerbsvorteile generieren. Beispielsweise kann sich in kleinen Handwerksbetrieben eine Einführung deutlich auf die Mitarbeiterbindung auswirken, z.B. könnte ein Dachdeckerbetrieb, der im Winter wenig zu tun hat, die Arbeitszeitkonten durch die Mehrarbeit in den starken Monaten auffüllen, so dass im Winter die Stunden abgebaut werden. Betriebsbedingte Kündigungen würden ausbleiben und der Mitarbeiter weiterhin im Unternehmen gehalten. Die Vertrauensarbeitszeit wird gleichermaßen hoch bewertet. KMU werden in die Lage versetzt auf schwankende Auftragslagen zu reagieren ohne dabei die erhebliche Kosten verursachende Kurzarbeit einführen zu müssen. Arbeits- und Öffnungszeiten können auf die Kunden angepasst werden, die Mitarbeiter werden durch das entgegengebrachte Vertrauen motiviert und an das Unternehmen gebunden. Die Telearbeit als moderne Form der Heimarbeit setzt gleichermaßen auf Vertrauen und fördert die Eigenverantwortung der Mitarbeiter, dadurch erhöht sich die Zufriedenheit und die Motivation. Mitarbeiter die bspw. aufgrund der Kindererziehung weitestgehend von Zuhause aus arbeiten, können durch diese Maßnahme weiterhin für das Unternehmen tätig bleiben. Vor dem Hintergrund, dass KMU häufig stärker darauf angewiesen sind, dass Know-how der Mitarbeiter im Unternehmen zu halten, wird diese Maßnahme im Bezug zur Bindung gleichermaßen hoch bewertet.

Handlungsfeld: Flexible Arbeitszeiten	sehr hoch	hoch	neutral	gering	sehr gering
Gleitende Arbeitszeit	o	o	o	x	o
Jahresarbeitszeitkonto	o	x	o	o	o
Vertrauensarbeitszeit	o	x	o	o	o
Telearbeit	o	x	o	o	o

Abbildung 8:   Flexible Arbeitszeiten - Wirkung auf die Mitarbeiterbindung in KMU
[Quelle: Eigene Darstellung]

4.3.1.2   Teilzeitangebote

Die flexiblen Strukturen von KMU eignen sich generell sehr gut dazu Teilzeitangebote anzubieten, um auch für Mitarbeiter als attraktiv zu gelten, die nicht in Vollzeit arbeiten können oder wollen. Die Möglichkeit, Teilzeitverträge anzubieten oder eine Stelle im Jobsharing zu schaffen, eröffnet dem Unternehmen zusätzliche Möglichkeiten, Alternativen für das eigene Personal anzubieten. Teilzeitverträge ermöglichen den KMU die Mitarbeiter flexibel einzusetzen, z.B. als Springer auf mehreren Arbeitsplätzen im Unternehmen. Hierdurch können Auftragsspitzen abgefangen oder Möglichkeiten geschaffen werden neben dem Beruf ein Studium zu absolvieren, welches dem Unternehmen später zugutekommt. Zudem können Mitarbeiter gebunden werden, die vorübergehend von Vollzeit in Teilzeit wechseln. Das Jobsharing, als eine besondere Form der Teilzeitarbeit, bietet sich auch für Fach- und Führungskräfte an, da hier die Stelle als Tandem besetzt wird. Auch hier liegt der Fokus auf der besseren Vereinbarkeit von Berufs- und Privatleben, welches durch die Arbeit im Team zusätzlich Flexibilität für das Unternehmen erzeugt. Für die Mitarbeiterbindung in KMU werden beiden Maßnahmen als hoch bewertet.

Handlungsfeld: Teilzeitangebote	sehr hoch	hoch	Neutral	gering	sehr gering
Klassische Teilzeitverträge	o	x	o	o	o
Jobsharing	o	x	o	o	o

Abbildung 9:   Teilzeitangebote - Wirkung auf die Mitarbeiterbindung in KMU
[Quelle: Eigene Darstellung]

4.3.1.3 Betriebsklima

Das Betriebsklima in KMU ist familiär geprägt und wird häufig als großer Vorteil dieser Unternehmen genannt. Der positive Nebeneffekt ist ein hohes Maß an Verbundenheit. Die Unternehmenskultur in KMU wird als persönlich und familiär beschrieben. Für viele der Mitarbeiter ist gerade diese Tatsache der Grund für das Unternehmen zu arbeiten und möglichst lange dort zu verbleiben. Die Unternehmenskultur als solches besitzt in KMU einen sehr hohen Stellenwert im Bezug auf die Mitarbeiterbindung, auch wenn die Unternehmen dies vielleicht gar nicht so empfinden und eher als zufällig deklarieren. Einen maßgeblichen Einfluss wird dem Führungsverhalten bescheinigt. In KMU ist nicht selten der direkte Vorgesetzte auch zugleich der Geschäftsführer. Hat dieser ein offenes Ohr und nimmt sich Zeit für die Mitarbeiter, wirkt dieses Handeln direkt und unmittelbar auf die Bindung. Der Zusammenhang zwischen dem Verhalten der Führungskraft und der Mitarbeiterbindung ist im Mittelstand aufgrund dieser Voraussetzungen höher als ohnehin schon. Die Mitarbeiterkommunikation wird nur selten und wenig systematisiert betrieben. Der Geschäftsführer steht auch hier im Fokus. Mitarbeitergespräche finden häufig während des laufenden Betriebes statt. Diese Tatsache kann sowohl positiv als auch negativ ausgelegt werden. Wird die Kommunikation von seiner Seite vernachlässigt oder eingestellt, kann der Faktor der internen Kommunikation schnell zu einem negativen Betriebsklima führen und sich somit auf die Bindung der Mitarbeiter auswirken. Die Mitarbeiterkommunikation hat einen gewissen Einfluss auf die Bindung in KMU und die Wirkung auf die Bindung wird deshalb als hoch bewertet. Das betriebliche Gesundheitsmanagement ist gerade in KMU nicht sonderlich verbreitet, da die Ansätze zu dieser Thematik relativ neu sind. Fakt ist jedoch, dass die Einführung eines BGM die Bindung der Mitarbeiter an das Unternehmen positiv beeinflusst. Die Fluktuation sinkt und die Mitarbeiter identifizieren sich stärker mit dem Unternehmen, da in ihre Gesundheit investiert wird. Das Unternehmensimage und die Wettbewerbsfähigkeit werden aufgewertet. Die Produktivität des Unternehmens wird gesteigert und die Leistungsfähigkeit der Mitarbeiter erhalten. Die Maßnahme wird daher für KMU als hoch bindungswirksam eingestuft.

Handlungsfeld: Betriebsklima	sehr hoch	hoch	Neutral	gering	sehr gering
Unternehmenskultur	x	o	o	o	o
Interne Kommunikation	o	x	o	o	o
Führungsverhalten	x	o	o	o	o
Betriebliches Gesundheitsmanagement	o	x	o	o	o

Abbildung 10: Betriebsklima - Wirkung auf die Mitarbeiterbindung in KMU
[Quelle: Eigene Darstellung]

4.3.2 Wirkung auf die Mitarbeiter

4.3.2.1 Flexible Arbeitszeiten

Damit Beruf und Familie in Einklang gebracht werden können, erwarten immer mehr Mitarbeiter die Möglichkeit ihre Arbeitszeit flexibel gestalten zu können. Daher ist allen Maßnahmen zur Arbeitszeitflexibilisierung aus Mitarbeitersicht grundsätzlich eine hohe Wirkung zuzuschreiben. Aus Sicht der Mitarbeiter trägt lediglich das Instrument der Gleitzeit nur zu einem geringen Teil an Nutzen bei, da die Mitarbeiter ihre Arbeitszeit im Rahmen eines Zeitfensters nur minimal eigenständig und flexibel gestalten können und sich zur Kernarbeitszeit am Arbeitsplatz befinden müssen. Das Jahresarbeitszeitkonto hat für die Mitarbeiter einen hohen Nutzen, die in Betrieben arbeiten, welche mit saisonbedingten Auftragsschwankungen zu kämpfen haben. Die Mitarbeiter können durch solch ein Konto ihre Überstunden aus den saisonstarken Zeiten in die saisonschwachen übertragen und erhalten zudem eine gleichbleibende Vergütung. Eine Kündigung oder die Anmeldung von Kurzarbeit fällt durch diese Maße i.d.R. ebenfalls weg.

Die Vertrauensarbeitszeit fördert das unternehmerische Denken und die Selbstständigkeit der Mitarbeiter. Das Arbeiten ermöglicht das maximale Maß an Flexibilität. Leerlaufzeiten werden vermieden, was sich positiv auf die Leistungsbereitschaft auswirkt. Projekt- und Außendienstmitarbeiter profitieren besonders von dieser Form der Arbeitszeitflexibilisierung. Es ist lediglich darauf zu achten, dass eine klare Linie zwischen Berufs- und Privatleben gezogen wird, damit die Balance zwischen Arbeit und Freizeit ausgeglichen ist. Andernfalls kann die Bindung des Mitarbeiters negativ beeinflusst werden. Grundsätzlich ist diese Maßnahme mit einem hohen Nutzen für die Mitarbeiter verbunden. Die Telearbeit ermöglicht dem Mitarbeiter neben der flexiblen Gestaltung der Arbeitszeit, im Falle einer Änderung der privaten Umstände, etwa durch Elternzeit, eine weitere Beschäftigung im Unternehmen. Beruf und Privatleben können besser miteinander kombiniert werden, Anreisekosten zum Arbeitsplatz werden minimiert und die Arbeitsqualität wird erhöht, da der Mitarbeiter bestenfalls weniger von seiner Arbeit abgelenkt wird als im Büro. Unter Berücksichtigung einer regelmäßigen Kommunikation und dem weiterhin bestehenden Kontakt zu Arbeitskollegen, ist der Nutzen für den Mitarbeiter grundsätzlich als hoch einzustufen.

Handlungsfeld: Flexible Arbeitszeiten	sehr hoch	hoch	neutral	gering	sehr gering
Gleitende Arbeitszeit	o	o	o	x	o
Jahresarbeitszeitkonto	o	x	o	o	o
Vertrauensarbeitszeit	o	x	o	o	o
Telearbeit	o	x	o	o	o

Abbildung 11: Flexible Arbeitszeiten - Wirkung auf die Mitarbeiter
[Quelle: Eigene Darstellung]

4.3.2.2 Teilzeitangebote

Teilzeitverträge ermöglichen den Mitarbeitern im Unternehmen zu verbleiben, auch wenn sie nicht mehr in Vollzeit arbeiten können oder parallel eine Weiterbildung besuchen. Da diese Arbeitszeitreduzierung mit einem verringerten Einkommen einhergeht, ist der Nutzen besonders hier individuell zu betrachten und wird daher als neutral eingestuft. Jobsharing bietet die Möglichkeit für Führungskräfte in Teilzeit zu arbeiten. Dabei steht die Kommunikations- und Teamfähigkeit im Vordergrund, da sich i.d.R. zwei Mitarbeiter eine Stelle teilen. Nützlich erscheint hier insbesondere die Arbeit im Team, da bei Abwesenheit der Partner die Arbeiten fortführt. Zudem ist die Arbeit in Projekten trotz reduziertem Stundenumfang möglich. Dem Nutzen stehen auch Risiken gegenüber, so wird der Mehraufwand für die Koordinierung der Arbeitszeiten häufig auf das Personal übertragen, so dass der Mitarbeiter auch in der Freizeit erreichbar sein muss. Die Maßnahme bringt sowohl Nutzen als auch Risiken mit sich, die wie beim klassischen Teilzeitvertrag abgewogen werden müssen. Daher erfolgt die Bewertung hier ebenfalls als neutral.

Handlungsfeld: Teilzeitangebote	sehr hoch	hoch	Neutral	gering	sehr gering
Klassische Teilzeitverträge	o	o	x	o	o
Jobsharing	o	o	x	o	o

Abbildung 12: Teilzeitangebote - Wirkung auf die Mitarbeiter
[Quelle: Eigene Darstellung]

4.3.2.3 Betriebsklima

Die Unternehmenskultur hat einen sehr hohen Einfluss auf die Zufriedenheit der Mitarbeiter und somit auch auf das Betriebsklima. Der tägliche Umgang miteinander, die gemeinsamen Werte, Verhaltensregeln als auch die Tabus, beruhen auf der gelebten Kultur eines Unternehmens. Unternehmen, die eine mitarbeiterzentrierte Unternehmenskultur propagieren, profitieren von motivierten und emotional verbundenen Mitarbeitern. Der Nutzen der Unternehmenskultur für den einzelnen Mitarbeiter ist daher als hoch einzustufen. Eine gut geführte interne Kommunikation bzw. Mitarbeiterkommunikation ist Bestandteil eines positiven Betriebsklimas und steht auch eng im Zusammenhang mit einer mitarbeiterorientierten Unternehmenskultur. Mitarbeiter, die im Unternehmen gut informiert werden, sind motivierter und unterstützen damit die Produktivität des Unternehmens. Durch eine gute interne Kommunikation verbreiten die Mitarbeiter die Informationen auch außerhalb des Unternehmens, was dazu führt, dass die Kommunikation eine einheitliche Sprache spricht. Da die interne Kommunikation nur in Verbindung mit der Unternehmenskultur wirkt, hat die Maßnahme den gleichen Stellenwert und wird ebenfalls aus Sicht des Mitarbeiters mit hoch bewertet. Die Führungskraft hat durch ihr Verhalten einen immensen Einfluss auf die Motivation der Mitarbeiter. Der Führungsstil beeinflusst das Betriebsklima, die Unternehmenskultur und auch die Verbundenheit des Mitarbeiters dem Unternehmen gegenüber. Ein mitarbeiterorientiertes Führungsverhalten beeinflusst die Arbeitsleistung der Mitarbeiter positiv, die Mitarbeiter haben weniger Stress, sind seltener krank und entwickeln sich persönlich weiter. Das Führungsverhalten stellt einen sehr hohen Nutzen für den Mitarbeiter dar. Er fühlt sich wohl und möchte somit langfristig im Unternehmen verbleiben. Eine weitere Möglichkeit zur Besserung des Betriebsklimas lässt sich durch die Einführung eines BGM erreichen. Dieser Mehrwert ist insbesondere für Mitarbeiter ersichtlich, die erkannt haben, dass ihre Gesundheit ein wichtiger Faktor ist. Das BGM verbessert die eigene Gesundheit und sichert die Leistungsfähigkeit. Durch die Mitgestaltung vom Arbeitsplatz erhöht es zudem die Motivation. Die Mitarbeiter profitieren häufig von kostenlosen Gesundheits- und Sportangeboten. Der Nutzen ist für den Mitarbeiter deshalb als hoch einzustufen.

Handlungsfeld: Betriebsklima	sehr hoch	hoch	Neutral	gering	sehr gering
Unternehmenskultur	o	x	o	o	o
Interne Kommunikation	o	x	o	o	o
Führungsverhalten	x	o	o	o	o
Betriebliches Gesundheitsmanagement	o	x	o	o	o

Abbildung 13: Betriebsklima - Wirkung auf die Mitarbeiter
[Quelle: Eigene Darstellung]

4.3.3 Aufwand für die Umsetzung in einem KMU

4.3.3.1 Flexible Arbeitszeiten

Der Einführungs- und anschließende Verwaltungsaufwand ist bei der Maßnahme der gleitenden Arbeitszeit sehr gering und lässt sich ohne großen Aufwand in allen Unternehmensbereichen realisieren. Die Einführung von Jahresarbeitszeitkonten verursacht einen hohen personellen und finanziellen Aufwand und zudem einen dauerhaft erhöhten Verwaltungsaufwand, da zusätzliche Ressourcen für Planung und Koordination notwendig werden. Mitunter ist es weiter notwendig in eine Planungssoftware zu investieren, welche zusätzliche Kosten verursacht. Die Einführung der Vertrauensarbeitszeit hingegen verursacht zwar keine direkten Kosten, jedoch sind erhöhte Anpassungen notwendig, die durch den zusätzlichen organisatorischen Aufwand entstehen. Zu diesen Anpassungen zählen, dass die Führungskräfte involviert, Zielvereinbarungen mit den Mitarbeitern erstellt und weitreichende interne Kommunikationsmaßnahmen installiert werden. Diese Schritte dienen dazu, die Grundlage einer Vertrauenskultur im Unternehmen zu schaffen. Im Bezug auf KMU ist der mit der Einführung von Vertrauensarbeitszeit verbundene Aufwand daher als hoch einzustufen. Mit der Einführung der Telearbeit fallen durch die Installation von IT und Telekommunikation beim Mitarbeiter Zuhause hohe Einführungskosten an. Zudem entsteht ein erhöhter organisatorischer Aufwand bei technischen Störungen. Aufgrund dieser zusätzlichen organisatorischen und finanziellen Belastung, insbesondere für KMU, wird der Aufwand als sehr hoch eingeordnet.

Handlungsfeld: Flexible Arbeitszeiten	sehr gering	gering	neutral	hoch	sehr hoch
Gleitende Arbeitszeit	x	o	o	o	o
Jahresarbeitszeitkonto	o	o	o	x	o
Vertrauensarbeitszeit	o	o	o	x	o
Telearbeit	o	o	o	o	x

Abbildung 14: Flexible Arbeitszeiten - Aufwand für die Umsetzung in einem KMU
[Quelle: Eigene Darstellung]

4.3.3.2 Teilzeitangebote

Die Einführung von Teilzeitverträgen ist mit geringem Zusatzaufwand auch in KMU umzu-setzen. Im Bereich der Personalplanung ist ein höherer Aufwand notwendig. Des Weiteren wird durch die umfangreichere Anzahl an Übergaben zwischen den Mitarbeitern eine höhere Fehlerquote unterstellt. Grundsätzlich sollte sich die zusätzliche Arbeit durch die Einführung von Teilzeitverträgen in KMU in Grenzen halten und nur einen geringen finanziellen Mehr-aufwand notwendig machen. Ähnlich sieht der Aufwand auch beim Jobsharing aus. Hier wird ebenfalls ein geringer Mehraufwand im Personalbereich notwendig, jedoch wird der zusätzli-che Planungsaufwand durch die Mitarbeiter des Jobsharing Teams selbst erledigt. Lediglich bei Unstimmigkeiten der beiden könnten auf das Unternehmen zusätzliche Aufgaben und damit ein nicht kalkulierter Aufwand zukommen, von dem vorerst nicht ausgegangen wird.

Handlungsfeld: Teilzeitangebote	sehr gering	gering	neutral	hoch	sehr hoch
Klassische Teilzeitverträge	o	x	o	o	o
Jobsharing	o	x	o	o	o

Abbildung 15: Teilzeitangebote - Aufwand für die Umsetzung in einem KMU
[Quelle: Eigene Darstellung]

4.3.3.3 Betriebsklima

Beim Betriebsklima und insbesondere beim Handlungsfeld der Unternehmenskultur gestalteten sich Bewertungen, die eine Aussage zum Aufwand von Maßnahmen für ein mittelständisches Unternehmen treffen, als schwierig. Hier ist immer eine individuelle Betrachtung notwendig, um Maßnahmen ableiten zu können. Daher wird nicht weiter auf den Bereich der Unternehmenskultur eingegangen und die Bewertung als neutral vorgenommen. Um die Mitarbeiterkommunikation zu verbessern, hält der Bereich der internen Kommunikation einige Instrumente bereit, die kostengünstig umsetzbar sind. Insbesondere in KMU, wo flache Hierarchien und kurze Kommunikationswege üblich sind, reichen häufig schon vergleichsweise kleine Maßnahmen wie z.B. die Einführung von Newslettern oder einer Mitarbeiterzeitung aus, um zielgerichtet zu wirken. Diese Instrumente sind mit geringen finanziellen Mitteln und organisatorischem Aufwand umsetzbar. Eine weitere Einflussgröße ist das Führungsverhalten. In KMU ist häufig der Geschäftsführer gleichzeitig die einzige Führungskraft und damit auch verantwortlich für das Führungsverhalten innerhalb des Unternehmens. Stimmt hier irgendetwas nicht, ist z.B. durch ein Mitarbeitergespräch eine Veränderung herbeizurufen. Es gibt eventuell durchaus Fälle wo ein teures persönliches Coaching notwendig ist oder Führungskräfte durch Weiterbildungsmaßnahmen unterstützt werden müssen, jedoch wird hier zunächst erst einmal nicht davon ausgegangen. Der Aufwand der Maßnahme, das Führungsverhalten in KMU zu ändern oder zu verbessern, wird daher als sehr gering eingestuft. Das betriebliche Gesundheitsmanagement (BGM) wird von KMU häufig mit teuren Maßnahmen in Verbindung gebracht, für die im Unternehmen keine finanziellen Ressourcen zur Verfügung stehen. Häufig ist jedoch schon eine gemeinsame sportliche Aktivität nach dem Arbeitstag ausreichend um das BGM zu unterstützen und so erste Maßnahmen umzusetzen. Der Aufwand, sowohl organisatorisch als auch finanziell, wird daher zunächst als sehr gering bewertet.

Handlungsfeld: Betriebsklima	sehr gering	gering	neutral	hoch	sehr hoch
Unternehmenskultur	o	o	x	o	o
Interne Kommunikation	o	x	o	o	o
Führungsverhalten	x	o	o	o	o
Betriebliches Gesundheitsmanagement	x	o	o	o	o

Abbildung 16: Betriebsklima - Aufwand für die Umsetzung in einem KMU
[Quelle: Eigene Darstellung]

4.4 Handlungsempfehlung

In den vorangegangenen Kapiteln wurden verschiedene Theorien zur Mitarbeiterbindung sowie die Besonderheiten der Personalarbeit in KMU als auch mögliche Instrumente und Maßnahmen vorgestellt und bewertet. Diese Erkenntnisse sollen nun in verschiedenen Handlungsempfehlungen zum Ausdruck kommen. Dabei geht es im Kern darum, KMU zu sensibilisieren und vor den vielfältigen Hintergründen deutlich zu machen, warum es notwendig ist sich mit dem Thema der Mitarbeiterbindung und den verschiedenen Wirkungsmechanismen zukünftig intensiver auseinanderzusetzen. Mitarbeiterbindung wird nicht durch das Ergebnis einer einzelnen Maßnahme erreicht, sondern durch weitreichende Änderungen im Unternehmen, ebenso wie durch die Gestaltung eines ganzheitlichen Ansatzes mit verschiedenen Maßnahmenpaketen, die aufeinander aufbauen und nicht zuletzt hierdurch zur Wirkung kommen.[134] Die Abbildung 17 soll deutlich machen, dass die einzelnen Handlungsfelder stets als ein aufeinander abgestimmtes Konzept zu verstehen und systemisch umzusetzen sind.

---

[134] Vgl. Ullmann, M., Weber, P. (o. J.), o. S.

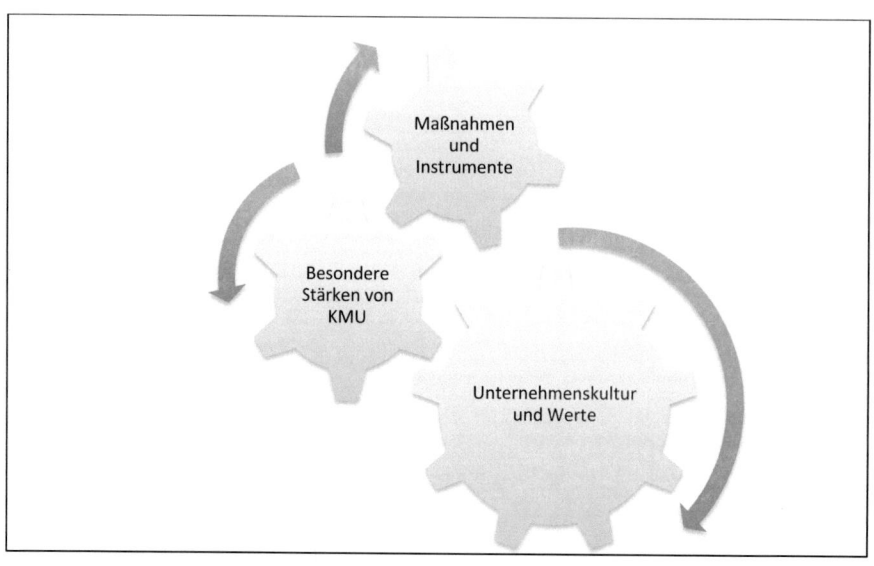

Abbildung 17:Ganzheitliche Betrachtung der Mitarbeiterbindung in KMU
[Quelle: Eigene Darstellung]

4.4.1 Unternehmenskultur und Werte

Die stärkste Form der Bindung an eine Organisation wird durch das affektive Commitment, in Form der emotionalen Komponente der Bindung, erreicht. Mitarbeiter möchten einer Organisation angehören und sich mit dieser identifizieren. Identifikation gilt als höchstmögliches Maß an Verbundenheit und gilt als erreicht, wenn Werte und Ziele des Unternehmens mit denen des Mitarbeiters übereinstimmen. Die Transaktionskostentheorie macht deutlich, dass die Fluktuation und die damit verbundenen Transaktionskosten reduziert werden müssen. Dafür ist es förderlich, langfristig eine mitarbeiterorientierte Unternehmenspolitik zu etablieren. Hierfür ist es notwendig, die Erwartungen und Bedürfnisse, die Mitarbeiter an das Unternehmen haben, zu eruieren und bei einer Umsetzung der Unternehmenspolitik zu berücksichtigen, um die Werte und Ziele der Unternehmung mit denen der Mitarbeiter zu verknüpfen. Ein Leitbild kann hilfreich sein um die Unternehmenskultur und die ideellen Wünsche der Belegschaft abzubilden und die Motivation und Leistungsbereitschaft positiv zu beeinflussen. Ein wichtiger Bestandteil für die Implementierung einer mitarbeiterorientierten Unternehmenskultur ist das Führungsverhalten. Durch regelmäßige Mitarbeitergespräche, Befragungen und den Einsatz von Zielvereinbarungen, sind die Unternehmen in der Lage, bindungswirksame Maßnahmen abzuleiten und umzusetzen. Die Führungskraft ist dafür verantwortlich, Konflikte frühzeitig zu erkennen um z.b. drohende Eigenkündigungen oder Motivationsveränderungen abzuwenden. Das Interesse an den Mitarbeitern, vermittelt durch regelmäßiges Lob und individuelle Förderung, sind ebenso Führungsaufgaben wie die Berücksichtigung von Ideen und Meinungen. Das entscheidende Ziel für die Führungskraft muss es sein, dass die Mitarbeiter die von ihnen geforderte Leistung erbringen und sich mit dem Unternehmen identifizieren. Ein weiterer wichtiger Faktor, der für die Unternehmenskultur notwendig ist, ist die Kommunikation mit den Mitarbeitern. Hierbei ist es wichtig, Maßnahmen umzusetzen, die auf den Aspekten der Transparenz, Glaubwürdigkeit, Offenheit, Respekt und Wertschätzung beruhen. Regelmäßige Mitarbeitergespräche können hier für ein Feedback sorgen und machen es möglich, die Bedürfnisse und Wünsche der Mitarbeiter zu berücksichtigen.[135] Die Förderung der Gesundheit von Mitarbeitern durch die Eingliederung eines betrieblichen Gesundheitsmanagements wird im Rahmen einer mitarbeiterorientierten Unternehmenskultur empfohlen. Die Mitarbeiter profitieren von zusätzlichen, oftmals kostenlosen Leistungen und das Unternehmen von motivierten und länger leistungsfähigen Mitarbeitern, zumal die Identifikation mit dem Unternehmen durch die Vielzahl von Möglichkeiten zusätzlich gesteigert werden kann. Der Mitarbeiter ist als die wichtigste Ressource des Unternehmens zu begreifen, um eine mitarbeiterorientierte Unternehmenspolitik im eigenen Unternehmen zu implementieren und als Erfolgsfaktor für die Mitarbeiterbindung zu etablieren. Die Abstimmung der Maßnahmen mit den Führungskräften, den Mitarbeitern und möglicherweise mit externen Beratern ist hierbei notwendig. Werden alle Handlungsfelder als gemeinsam funktionierender Prozess verstanden und umgesetzt, werden auch KMU in die Lage versetzt davon zu profitieren.

4.4.2 Besondere Stärken von KMU

Der Vergleich von KMU zu Großunternehmen ist für eine Betrachtung immer wieder hilfreich und verdeutlicht die besondere Charakteristik des Mittelstandes. Auch wenn häufig ein unzureichender Umgang mit der Personalarbeit bescheinigt wird, so besitzen KMU Alleinstellungsmerkmale, die dafür genutzt werden können sich im Wettbewerb neu zu positionieren. Großunternehmen versuchen mit lukrativen Angeboten Fachkräfte für sich zu gewinnen und zu binden. Insbesondere bei den Gehältern und Sozialleistungen können KMU aufgrund fehlender finanzieller oder personeller Ressourcen nur selten mithalten. Umso

---

[135] Vgl. Sage HR Solutions (2012), S. 14-15.

wichtiger ist es darum, dass ein mittelständisches Unternehmen sich auf seine individuellen Stärken konzentriert und diese erfolgswirksam einsetzt. Dabei sollten die KMU die Maßnahmen von Großunternehmen nicht einfach kopieren, sondern auf Grundlage ihrer besonderen Stärken, die Maßnahmen und Instrumente den Bedürfnissen der jeweiligen Belegschaft anpassen. So können Maßnahmen zur Personalbindung ohne große Einwände zügig beschlossen und umgesetzt werden. Individuelle Lösungen zur Bindung eines Mitarbeiters an das Unternehmen sind gleichermaßen umsetzbar. In Großunternehmen sind die Maßnahmen häufig stark reglementiert und unflexibel, so dass der Mittelstand hier mit Individuallösungen punkten kann.

Durch die flachen Hierarchien innerhalb von KMU sind die Aufgaben der Mitarbeiter bekannt und die Geschäftsführung besitzt ein klares Bild von der Arbeitseinstellung jedes Einzelnen. Diese enge Zusammenarbeit lässt mögliche Kündigungsabsichten und Fluktuationsrisiken frühzeitig erkennen. Im Gegensatz zu Mitarbeitern in Großunternehmen kann ein Mitarbeiter einfacher umgestimmt werden. Das flexiblere Setting ermöglicht Maßnahmen schneller umzusetzen, dadurch werden die Resultate zügiger sichtbar. Ein wichtiger Bestandteil für die Implementierung einer mitarbeiterorientierten Unternehmenskultur ist das Führungsverhalten und die Kommunikation. Hier sind KMU im Vorteil, da häufig eine direktere und persönlichere Beziehung zwischen Führungskraft und Mitarbeiter besteht. Die Identifikation mit dem Unternehmen findet hier über die Führungskraft statt, die gleichzeitig häufig die Person des Geschäftsführers ist. Wichtig ist, dass eine deutliche Sprache gesprochen wird, denn dies ist von den Mitarbeitern gewünscht und fördert die Motivation und Identifikation.[136] Selbst die Implementierung von Maßnahmen des BGM sollte für KMU keine große Hürde darstellen. Die Einführung von gemeinsamen sportlichen Aktivitäten oder die regelmäßige Mitbestimmung und Gestaltung des Arbeitsplatzes sind häufig bereits ausreichend, um einen zusätzlichen Mehrwert zu generieren und ein positives Signal an die Mitarbeiter zu senden.[137] Deklariert der Geschäftsführer zudem die Mitarbeiterbindung als „Chefsache" und führt bspw. die Personalgespräche selbst, nimmt er als Leitfigur Einfluss auf die emotionale Verbundenheit und steigert so das affektive Commitment des Mitarbeiters.[138]

---

[136] Vgl. Schindler, H. (2012), S. 30-31.
[137] Vgl. Müller, C., Huß, H. (2012), S. 57.
[138] Vgl. Haubold, A-K. et al. (2014), S. 118.

4.4.3 Instrumente und Maßnahmen

Insbesondere KMU werden den demografischen Wandel und die damit veränderten Rahmenbedingungen der Personalarbeit deutlicher zu spüren bekommen. Daher ist es notwendig, kleine und mittelständische Unternehmen für Mitarbeiter und Bewerber attraktiver zu gestalten. Im Rahmen einer mitarbeiterorientierten Unternehmenskultur sind alle in dieser Untersuchung vorgestellten Instrumente einsetzbar. Als zunehmend bedeutender Einflussfaktor auf die Bindung der Mitarbeiter wirken sich besonders die Maßnahmen der Arbeitszeitflexibilisierung aus. Die Flexibilisierung der Arbeitszeit in jeglicher Form ermöglicht eine bessere Vereinbarkeit von Berufs- und Privatleben, steigert Motivation und Leistung der Mitarbeiter und wirkt sich zudem positiv auf die Attraktivität des Arbeitsplatzes aus. Das Angebot von Teilzeit- oder Jobsharing-Arbeitsplätzen schafft zusätzliche Möglichkeiten Vertragsalternativen für Mitarbeiter zu gestalten, um diese über eine Vollbeschäftigung hinaus ans Unternehmen binden zu können. Diese bieten sich besonderes dann an, wenn es sich um langjährige Mitarbeiter handelt, die sich im Unternehmen bewährt haben. Welche Instrumente eingesetzt werden sollten, hängt stark von den individuellen Bedürfnissen der Mitarbeiter und der Struktur im Unternehmen ab. Die Grundvoraussetzung ist es daher, im Vorfeld genauestens zu überprüfen ob die Maßnahme organisatorisch und finanziell umsetzbar und für beide Seiten lohnenswert ist.

4.5 Kritische Würdigung

Die wesentlichen Faktoren die KMU mitbringen, sind im Bezug auf die Bindung von Mitarbeitern durchweg positiv zu bewerten. Flexible Strukturen, flache Hierarchien, kurze Kommunikationswege und häufig eine persönliche Beziehung von Geschäftsleitung und Mitarbeitern. Die Mitarbeiterbindung aus den analytischen Blickwinkeln der Theorien des Commitment und aus der Perspektive der sozialen Identität, lieferten wichtige Erkenntnisse. Vor dem Hintergrund, dass der Großteil der Beschäftigen mit ihrem Unternehmen gar nicht oder nur gering emotional verbunden sind, ist eine Berücksichtigung dieser Theorien für KMU sinnvoll. Mitarbeiter die sich emotional nicht mit dem Unternehmen verbunden fühlen, sind weniger motiviert und zeigen weniger Eigeninitiative.[139] Die Transaktionskostentheorie liefert durch die Erkenntnisse, dass die Fluktuation im Unternehmen mit immensen Kosten

---

[139] Vgl. Nink, M. (2014), S. 10.

verbunden ist, einen weiteren signifikanten Grund warum KMU mehr Zeit in die eigene Personalarbeit investieren sollten. Hier geht es auch darum, die Wechselbarrieren für den Mitarbeiter zu erhöhen, um die Fluktuation möglichst gering zu halten. In der Literatur existieren viele weitere Theorien, die sich mit der Motivation und Leistungsbereitschaft von Mitarbeitern auseinandersetzen. Insbesondere im Bereich der verhaltenswissenschaftlichen Ansätze sind noch zahlreiche Vertiefungen möglich, die hier in dieser Arbeit nicht betrachtet wurden.

Wie kann ein KMU die Bindung der eigenen Mitarbeiter und eine größtmögliche Identifikation mit dem Unternehmen erreichen? Die vorgestellten und bewerteten Maßnahmen stellen nur einen Bruchteil der Möglichkeiten dar, die im Rahmen der Personalarbeit einsetzbar sind. Mitarbeiterbindung beginnt im Zentrum des Unternehmens. Die Gestaltung einer mitarbeiterorientierten Unternehmenskultur mit einer offenen und transparenten Kommunikation, erzeugt Vertrauen und Glaubhaftigkeit. Auf Basis der eigenen Identität und unter Berücksichtigung der Besonderheiten, der Stärken wie Schwächen des eigenen Unternehmens, kann hierdurch eine wesentliche Grundlage geschaffen werden. Die Instrumente sind dabei in letzter Instanz lediglich die Stellschrauben, die ergänzend dabei unterstützen, die Bindung an das Unternehmen positiv zu beeinflussen und den Fokus auf die Mitarbeiterbindung auszurichten. Das Gebiet der Mitarbeiterbindung ist durch die Fülle an internen und externen Einflüssen sehr komplex und interessant für weitere Forschungsansätze in Theorie und Praxis. Anzumerken ist, dass in der Fachliteratur das Thema der Mitarbeiterbindung als Teilbereich des Personalmarketings nicht ausreichend in den Mittelpunkt gestellt wird. Daher ist es nicht verwunderlich, dass Instrumente zur Bindung im Rahmen dessen häufig sehr einseitig dargestellt werden. Dieses Buch soll dem Mittelstand einen Überblick über die Vielschichtigkeit des Themas der Mitarbeiterbindung verschaffen. Es wurde ausgeführt, welche Grundlagen dabei berücksichtigt werden müssen um Instrumente und Maßnahmen zielgerichtet einzusetzen, um Wettbewerbsvorteile zu generieren und die besten Mitarbeiter zu binden.

5 Fazit und Ausblick

Die Intention dieser Untersuchung war es vor dem Hintergrund der demografischen Veränderungen und der spürbaren Auswirkungen auf die Personalsituation in KMU zu eruieren wie diese durch Maßnahmen und Instrumente die Mitarbeiterbindung praktisch umsetzen können. Um die Besonderheiten von KMU sowie deren Stellenwert in Deutschland darzustellen, war zunächst die Abgrenzung nach den quantitativen Definitionen des IfM Bonn und der Europäischen Kommission notwendig. Diese wurden durch die qualitativen Merkmale ergänzt, die wesentlich für eine ausführliche Darstellung von KMU sind. Eine parallele Betrachtung der Familienunternehmen war ebenso notwendig, da viele mittelständische Unternehmen hier verankert sind und einen prägenden Einfluss auf die qualitativen Besonderheiten von KMU besitzen. Die Personalarbeit aus der Perspektive des Mittelstands zu betrachten war im Rahmen der Mitarbeiterbindung notwendig, da die Rahmenbedingungen Einfluss auf die Umsetzung von Maßnahmen innerhalb des Unternehmens haben. Um zu ergründen, wie die Bindung zwischen einem Mitarbeiter und einem Unternehmen in der Theorie funktioniert und welche Einflüsse zu beachten sind, wurden neben der Erläuterung des Begriffes der „Mitarbeiterbindung", Theorien des organisationalen Commitment, der sozialen Identität sowie der Transaktionskosten analysiert. Die Ergebnisse wurden in den Bezug zur Personalarbeit von KMU gesetzt, um zu verdeutlichen wie diese, innerhalb der besonderen Umgebung, auf die Bindung der Mitarbeiter wirken.

Die Grundlage für die Auswahl der zu analysierenden Maßnahmen und Instrumente lieferte die Studie „HR-Trends im Mittelstand" der QRC Group aus dem Jahre 2014. In den Befragungen von KMU, in denen es darum ging, welche Instrumente bereits eingesetzt werden um Personal zu gewinnen und zu binden, wurden die Themen flexible Arbeitszeiten, Teilzeitangebote und das Betriebsklima am häufigsten genannt. Insgesamt wurden zehn Instrumente aus drei Handlungsfeldern für eine Analyse ausgewählt und anschließend erläutert. Damit die Thematik der Untersuchung durch die Analyse und Bewertung der Handlungsfelder zielführend vorgenommen werden konnte, war es notwendig, eine geeignete Methode zur Messung und Darstellung einer kriteriengeleiteten Evaluierung einzusetzen. Diese Evaluation wurde durch den Einsatz der Likert-Skala als Skalenmaß erreicht. Die Ergebnisse lieferten nützliche Informationen für den Einsatz in KMU. Neben der Wirkung der Mitarbeiterbindung auf Unternehmensseite wurde ergänzend die Wirkung auf die Mitarbeiter bewertet. Damit die Ergebnisse in der Praxis für KMU verwendet werden können, wurde zudem der organisatorische und finanzielle Aufwand der Umsetzung der einzelnen Maßnahmen bewertet. Die Handlungsempfehlungen wurden aufgrund der Fülle an Erkenntnissen in drei Bereiche unterteilt. Neben der Unternehmenskultur ist die Beachtung der unternehmensspezifischen Besonderheiten unter Berücksichtigung der eigenen Stärken und Schwächen ebenso wichtig. Die Handlungsfelder bauen auf diesen Aspekten auf und runden den Prozess durch den Einsatz individuell angepasster Maßnahmen ab. Den KMU ist die Bedeutung der Bindung ihrer Mitarbeiter bewusst. Die Thematik wird zudem in der Forschung seit einigen Jahren immer detaillierter durch Studien und Literatur untersucht, was auch damit zusammenhängt, dass die Fluktuation in deutschen Unternehmen seit Jahren zunimmt.[140] Ein Grund dafür ist die fehlende oder nur geringe emotionale Bindung der Mitarbeiter an ihren Arbeitgeber.[141] In der Literatur sind einige Ansätzen zu finden, welche die Mitarbeiterbindung im Bezug zu anderen Themengebieten betrachten. So wird dem Employer Branding und der Corporate Social Responsibility (CSR) ein positiver Einfluss auf die Bindung von Mitarbeitern bescheinigt.[142] Der Gallup Engagement Index bestätigt zudem, dass eine starke persönliche emotionale Bindung einen hohen Einfluss auf die Kundenorientierung des einzelnen Mitarbeiters besitzt.[143] Die Charakteristika von KMU bieten durch die häufig schon im Ansatz existenten mitarbeiterorientierten Strukturen positive Voraussetzungen um ihre Mitarbeiter langfristig an das Unternehmen zu binden. Damit die Mitarbeiterbindung als Erfolgsfaktor für KMU gelten kann, sollte der Fokus auf die Erzeugung von emotionaler Bindung und Identifikation gelegt werden. Dafür ist es empfehlenswert die Führungskräfte mit in die Prozesse einzubeziehen um sich glaubhaft und transparent zu positionieren; stets mit dem Ziel, die Personalarbeit als System zu verstehen und umzusetzen. Einzelne Maßnahmen sollten individuell auf und mit der Belegschaft abgestimmt werden um positiv auf das Bindungsverhalten der Mitarbeiter zu wirken.

---

[140] Vgl. Bundesagentur für Arbeit (2015), S. 11.
[141] Vgl. Gallup (2013), o. S.
[142] Vgl. Geilenkirchen, W. (2014), S. 35-38.
[143] Vgl. Nink, M. (2014), S. 22.

Literaturverzeichnis

Achleitner, A., Fingerle, C. (2004): Finanzierungssituation des deutschen Mittelstands, in: Achleitner, A., von Einem, C. von Schröder, B. (Hrsg.), Private Debt – alternative Finanzierung für den Mittelstand – Finanzmanagement, Rekapitalisierung, Institutionelles Fremdkapital, Schäffer-Poeschel Verlag Stuttgart 2004, S. 5-40

Agentur für Arbeit (2014): Moderne Personalpolitik - Flexible Arbeitszeitmodelle, Zwickau 2014

Bauer, S., Jensen, S. (2004): Determinanten der Mitarbeiterbindung – Überlegungen zur Verallgemeinerung der Kundenbindungstheorie, in: Bauer, H., Homburg, C. (Hrsg.), Perspektiven der marktorientierten Unternehmensführung, Gabler Wissenschaft Verlag Wiesbaden 2004, S. 245-267

Becker, H. (1960): Notes on the concept of commitment, in: American Journal of Sociology, 1960, Nr. 8, S. 32-42

Behrends, T. (2012): Die Unternehmensgröße als Determinante des Person-Organization-Fit – Eine empirische Analyse in: Meyer, J. (Hrsg.), Personalmanagement in kleinen und mittleren Unternehmen, Eul Verlag Lohmar und Köln 2012, S. 13-38

Behrends, T., Martin, A. (2005): Betriebsgrößenbedingte Unterschiede in der Personalarbeit von Unternehmen, in: Schulte, R. (Hrsg.), Ergebnisse der Mittelstandsforschung, Lit-Verlag, Münster 2005, S. 151-183

Bertrand, M. (2004): Best-Practise-Personalbindungsstrategien in Großunternehmen, in: Bröckermann, R., Pepels, W. (Hrsg.), Personalbindung – Wettbewerbsvorteile durch strategisches Human Resources Management, Erich Schmidt Verlag Berlin 2004, S. 265-286

Bröckermann, R. (2012): Personalwirtschaft: Lehr- und Übungsbuch für Human Resource Management, 6. Aufl., Schäffer-Poeschel Verlag Stuttgart 2012

Bruns, B., Rau, S., Marell, S. (2008): Das Cognis Intranet – Motor globaler Kommunikationsprozesse, in: Dörfel, L. (Hrsg.), Instrumente und Techniken der Internen Kommunikation – Trends, Nutzen und Wirklichkeit, Primus Verlag Berlin 2008

Bundesagentur für Arbeit (2015): Analytikreport der Statistik – Frühindikatoren für den Arbeitsmarkt Januar 2015, Nürnberg 2015

Claaßen, N. (2008): Handbuch des Personalmanagements in kleinen und mittleren Unternehmer, Salzwasser Verlag Bremen 2008

Classen, M., Happich, G. (2013): Coaching im Mittelstand – Wer ist der Mittelstand?, in: Organisationsberatung - Supervision - Coaching, Springer Fachmedien Verlag Wiesbaden 2013, S. 246-259

Coase, R. (1937): The Nature of the Firm, in: Economica, 1937, Vol. 4, S. 386-405

Cooper-Hakim, A., Viswesvaran, C. (2005): The construct of work commitment - Testing an integrative framework, in: Psychological Bulletin, 2005, Nr. 131, S. 241-259

Deller, J., Kern, S., Hausmann, E., Diederichs, Y. (2008): Personalmanagement im demografischen Wandel – Ein Handbuch für den Veränderungsprozess, Springer Medizin Verlag Heidelberg 2008

van Dick, R. (2004): Commitment und Identifikation mit Organisationen in: Hossiep, R., Kleinmann, M., Sarges, W., Schuler, H. (Hrsg.) Praxis der Personalpsychologie – Human Resource Management kompakt, 2004, Bd. 5, Hogrefe Verlag Göttingen u.a. 2004

van Dick, R., Christ, O., Stellmacher, J., Wahner, U., Ahlswede, O., Grubba, C., Hauptmeier, M., Hohfeld, C., Moltzen, K., Tissington, P. (2004): Should i stay or should i go? Explaining turnover intentions with organizational identification and job satisfaction, in: Britisch Journal of Management, Nr. 15, S. 351-360

Dörfel, L. (2008): Instrumente und Techniken der Internen Kommunikation – Trends, Nutzen und Wirklichkeit, Primus Verlag Berlin 2008

Ebers, M., Gotsch, W. (2014): Institutionenökonomische Theorien der Organisation, in: Kieser, A., Ebers, M. (Hrsg.), Organisationstheorien, 7. Aufl., W. Kohlhammer Verlag Stuttgart 2014, S. 195-255

Eckhardt, A., Laumer, S., Maier, C., von Stetten, A., Weitzel, T. (2013), Trends und Herausforderungen für die Personalbeschaffung in: Monster Worldwide Deutschland GmbH (Hrsg.), Recruiting Trends im Mittelstand

Ellemers, N., De Gilder, D., Haslam, S.A. (2004): Motivating individuals and groups at work – A social identity perspective on leadership and group performance, in: Academy Management Review, Bd. 29, New York 2004, S. 459-470

Ellemers, N., Kortekaas, P., Ouwerkerk, J. (1999): Self-categorisation, commitment to the group and group self-esteem as related but distinct aspects of social identity, in: European Journal of Social Psychology, 1999, Nr. 29, S. 371-389

Englisch, P., Festing, M., Maßmann, J., Schäfer, L. (2011): Talent Management im Mittelstand - Mit innovativen Strategien gegen den Fachkräftemangel in: Ernst & Young Wirtschaftsprüfungsgesellschaft (Hrsg.), Agenda Mittelstand, Stuttgart 2011

Felfe, J. (2008): Mitarbeiterbindung, Hogrefe Verlag Göttingen u.a. 2008

Fischbach, C., Mack, J. (2008): Mittelstandskommunikation, UKV Verlag Konstanz 2008

von Friedeburg, L. (1963): Soziologie des Betriebsklimas – Studien zur Deutung empirischer Untersuchungen in industriellen Großbetrieben, in: Gebert, D., von Rosenstiel, L. (Hrsg.), Organisationspsychologie – Person und Organisation, 5. Aufl. Stuttgart 2002

Gallup (2013): Pressemitteilung zum Engagement Index 2012, Gallup GmbH Berlin 2013

Geilenkirchen, W. (2014): Auswege aus der Personalmisere – Wie Mittelständler mit Nachhaltigkeitskonzepten im Kampf um die besten Köpfe punkten, in: Industrie Management, 2014, Nr. 30, S. 35-38

Gertz, W. (2012): Mittelständler ziehen den Kürzeren, in: Personalwirtschaft, 2012, Nr. 2, S. 18-21

Goeke, M. (2008): Der deutsche Mittelstand – Herzstück der deutschen Wirtschaft, in: Goeke, M. (Hrsg.), Praxishandbuch Mittelstandsfinanzierung - Mit Leasing, Factoring & Co. unternehmerische Potenziale ausschöpfen, Gabler Verlag Wiesbaden 2008, S. 9- 22

Greving, B. (2009): Messen und Skalieren von Sachverhalten, in: Albers, S., Klapper, D., Konradt, U., Walter, A., Wolf, J. (Hrsg.), Methodik der empirischen Forschung, 3. Aufl., Springer Fachmedien Verlag Wiesbaden 2009, S. 65-78

Haubold, A-K., Gnieser, K., Golovina, M., Mönnich, L., Herrmann, K., Müller, N., Schwenke, T. (2014): Mitarbeiter an das Unternehmen binden, in: Haubold, A-K., Gonschorek, T., Gestring, I., Sonntag, R., von der Werth, R. (Hrsg.), Managementkompetenzen im Mittelstand – Grundlegendes Wissen und Instrumente zur praktischen Umsetzung, Springer Gabler Fachmedien Wiesbaden 2014

Herscovitch, L., Meyer, J. (2002): Commitment to organizational change - Extension of a three-component model, in: Journal of Applied Psychology, 2002, Nr. 87, S. 474-487

Heybrock, H., Kreuzhof, R., Rohlack, K. (2011): Personalmanagement in kleinen und mittleren Unternehmen – Praxisratgeber und Beraterhandbuch, Rainer Hampp Verlag München und Mehring 2011

Hollmann, C., Schröder, C., Werner, D., Wolff von der Sahl, J. (o.J.): Modul Personalbindung – Instrument Flexible Arbeitszeiten, in: Institut der deutschen Wirtschaft (Hrsg.), Köln

Kabst, R., Weber, W. (2000): Internationalisierung mittelständischer Unternehmen, in Gutmann, J., Kabst, R. (Hrsg.), Internationalisierung im Mittelstand, Gabler Verlag Wiesbaden 2000, S. 3-66

de Kok, J., Uhlander, L., Thurik, A. (2006): Professional HRM Practices in Family owned-managed Enterprises, in: Journal of Small Business Management, Vol. 44, Issue 3, S. 441-460

Kock, K., Kutzner, E. (2003): Wieso Betriebsklima?, in: Hangebrauck, U-M., Kock, K., Kutzner, E., Muesmann, G. (Hrsg.), Handbuch Betriebsklima, Rainer Hampp Verlag, München und Mehring 2003, S. 13-20

Knoblauch, R. (2004): Instrumente des Personalbindungsmanagements, in: Bröckermann, R., Pepels, W. (Hrsg.), Personalbindung – Wettbewerbsvorteile durch strategisches Human Resources Management, Erich Schmidt Verlag Berlin 2004, S. 101-130

Kolb, M. (2010): Personalmanagement – Grundlagen und Praxis des Human Resources Managements, 2. Aufl., Gabler Verlag Wiesbaden 2010

Kompetenzzentrum Fachkräftesicherung (2013): Fachkräfte sichern – Flexible Arbeitszeitmodelle, in: Bundesministerium für Wirtschaft und Energie (Hrsg.), Berlin 2013

Krüger, W. (2006): Standortbestimmung – Wo steht der Mittelstand, in: Klippstein, G., Krüger, W., Merk, R., Wittberg, V. (Hrsg.), Praxishandbuch des Mittelstands – Leitfaden für das Management mittelständischer Unternehmen, Gabler Verlag Wiesbaden 2006, S. 13-31

Lazear, E. P. (1999): Personnel Economics: Past Lessons and Future Directions, Journal of Labor Economics, 1999, Nr.17, S. 199-236

Leuphana Universität Lüneburg (Hrsg.), (o.J.): Retention Management im Mittelstand – Weiterbildung als Instrument der Mitarbeiterbindung, Lüneburg

MacNeil, I.R. (1974): The many futures of contracts, in: Southern California Law Review, 1974, Nr. 47, S. 691-816

MacNeil, I.R. (1978): Contracts – Adjustments of long-term economic relations under classical, neoclassical and relational contract law, in: Northwestern University Law Review, 1978, Nr. 72, S. 854-905

MacNeil, I.R. (1987): Relational Contract theory as sociology – A reply to Professors Lindenberg and de Vos, in: Journal of Institutional and Theoretical Economics (JITE), 1987, Nr. 143, S. 272-290

Mast, C. (2013): Unternehmenskommunikation, 5. Aufl., UKV Verlag Konstanz und München 2013

Mathieu, J., Zajac, D. (1990): A Review and meta-analysis of the antecedents, correlates and consequences of organizational commitment, in: Psychological Bulletin, 1990, Nr. 180, S. 171-194

McGee, G., Ford, R. (1987): Two (or more?) dimensions of organizational commitment: Reexamination oft he affective and continuance commitment scales, in: Journal of Applied Psychology, 1987, Nr. 72, 638-642.

Meier, P. (2002): Interne Kommunikation im Unternehmen – Von der Hauszeitung bis zum Intranet, Orell Füssli Verlag Zürich 2002

Meyer, J. (2012): Personalmanagement in kleinen und mittleren Unternehmen – Überblick über das Jahrbuch der KMU-Forschung und -Praxis 2012 in: Meyer, J. (Hrsg.), Personalmanagement in kleinen und mittleren Unternehmen, Eul Verlag Lohmar und Köln 2012, S. 3-9

Meyer, J., Allen, M. (1990): The measurement and antecedents of affective, continuance and normative commitment to the organization, in: Journal of Occupational Psychology, 1990, Band 63, S. 1-18

Meyer, J., Allen, M. (1991): A three-component conceptualisation of organizational commitment, in: Human Resource Management Review, 1991, Nr. 1, S. 61-89

Mowday, R., Porter, L., Steers, R. (1979): The measurement of organizational commitment, in: Journal of Vocational Behavior, 1979, Nr. 14, S. 224-247

Müller, C., Huß, H. (2012): Klein aber fein – BGM im Mittelstand, in: Personalmagazin, 2012, Nr. 2, S. 56-58

Nink, M. (2014): Engagement Index Deutschland 2013 – Pressegespräch, Gallup GmbH Berlin 2014

Picot, G. (2008): Handbuch für Familien- und Mittelstandsunternehmen, Schäffer-Poeschel Verlag Stuttgart 2008

Picot, A., Wenger, E. (1988): The employment relation from the transaction cost perspective, in: Dlugos, G., Dorow, W., Weiermair, K. (Hrsg.), Management under Different Labour Market and Employment Systems, Berlin 1988, S. 29-43

Pratt, M. (1998): To be or not to be? Central questions in organizational identification, in: Godfrey, P., Whetten, D. (Hrsg.), Identity in organizations – Building theory through conversations, Sage Thousand Oaks 1998, S. 171-207

QRC Group (2014): HR-Trends Mittelstand 2014 – Eine differenzierte Betrachtung des Mittelstands, Nürnberg 2014

Reinemann, H. (2011): Mittelstandsmanagement – Einführung in Theorie und Praxis, Schäffer-Poeschel Verlag Stuttgart 2011

Riketta, M. (2002): Attitudinal organizational commitment and job performance: A meta-analysis, in: Journal of Organizational Behaviour, 2002, Nr. 23, S. 257-266

RKW Berlin (2010): Diversity Management in kleinen und mittleren Unternehmen, Berlin 2010

RKW Kompetenzzentrum (2010): Praxismaterialien - Mitarbeiterbindung und Leistungsfähigkeit, Eschborn 2010

RKW Kompetenzzentrum (2015): Fachkräfte binden & Vielfalt nutzen – Ein Leitfaden für kleine und mittlere Unternehmen, Eschborn 2015

von Rosenstiel, L. (2001): Motivation im Betrieb – Mit Fallstudien aus der Praxis, 10. Aufl., Rosenberger Fachverlag Leonberg 2001

von Rosenstiel, L. (2003): Betriebsklima und Leistung – eine wissenschaftliche Standortbestimmung, in: Hangebrauck, U.-M., Kock, K., Kutzner, E., Muesmann, G. (Hrsg.), Handbuch Betriebsklima, Rainer Hampp Verlag, München und Mehring 2003, S. 23-38

Sadowski, D. (1991): Humankapital und Organisationskapital – Zwei Grundkatergorien einer ökonomischen Theorie der Personalpolitik in Unternehmen, in: Ordelheide, D., Rudolph, B., Busselmann, E. (Hrsg.), Betriebswirtschaftslehre und ökonomische Theorie, Stuttgart 1991, S. 127-170

Sadowski, D. (1988): Währt sich am längsten? Personalpolitik zwischen Arbeitsrecht und Unternehmenskultur, in: Budäus, D., Gerum, E. , Zimmermann, G. (Hrsg.), Betriebswirtschaftslehre und Theorie der Verfügungsrechte, Wiesbaden 1988, S. 220-238

Sage HR Solutions (2012): Sage HR Focus - Erfolgreiche Mitarbeiterbindung im Mittelstand, Leipzig 2012

Scherm, E., Süß, S. (2010): Personalmanagement, 2. Aufl., Verlag Franz Vahlen München 2010

Schindler, H. (2012): Wenn der Chef sagt - was nicht geht, in: Personalmagazin, 2012, Nr. 2, S. 30-31

Simon, H. (2012): Hidden Champions – Aufbruch nach Globalia – Die Erfolgsstrategien unbekannter Weltmarktführer, Campus Verlag Frankfurt am Main 2012

Stelzer-Rothe, T. (2002): Personalmanagement der Zukunft für den Mittelstand, in: Stelzer-Rothe, T. (Hrsg.), Personal-Management für den Mittelstand, Sauer Verlag Heidelberg 2002, S. 17-39

Stotz, W., Wedel, A. (2009): Employer Branding – Mit Strategie zum bevorzugten Arbeitgeber, Oldenbourg Wissenschaftsverlag München 2009

Szebel-Habig, A. (2004): Mitarbeiterbindung -Auslaufmodell Loyalität? – Mitarbeiter als strategischer Erfolgsfaktor, Beltz Verlag Weinheim und Basel 2004

Ullmann, M., Weber, P. (o.J.): Mitarbeiter binden – wie Sie als Mittelständler im Kampf um qualifizierte Fachkräfte punkten, Heidelberg

Wolf, G. (2013): Mitarbeiterbindung – Strategie und Umsetzung im Unternehmen, Haufe Lexware Verlag Freiburg und München 2013

Williamson, O. (1985): The Economic Institutions of Capitalism – Firms, Markets, Relational Contracting, The Free Press, New-York 1985

Zeitbüro NRW (2008): Flexible Arbeitszeiten – Informationsbroschüre für Unternehmen in NRW, 3. Aufl., Dortmund 2008

Internetquellenverzeichnis

Bundesministerium für Gesundheit (2014a): Betriebliche Gesundheitsförderung – Förderung der psychischen Gesundheit und des Wohlbefindens am Arbeitsplatz. URL: http://www.bmg.bund.de/themen/praevention/betriebliche-gesundheitsfoerderung/seelische-gesundheit/gesundheit-und-wohlbefinden-am-arbeitsplatz.html, Abruf am 08.02.2015

Bundesministerium für Gesundheit (2014b): Betriebliche Gesundheitsförderung – Vorteile. URL: http://www.bmg.bund.de/themen/praevention/betriebliche-gesundheitsfoerderung/ vorteile.html, Abruf am 08.02.2015

Bundesministerium für Gesundheit (2013): Betriebliche Gesundheitsförderung – Steuerliche Vorteile. URL: http://www.bmg.bund.de/themen/praevention/betriebliche-gesundheitsfoerderung/steuerliche-vorteile.html, Abruf am 08.02.2015

Hockling, S. (2012): Führungskräfte beeinflussen die Unternehmenskultur. URL: http://www.zeit.de/karriere/beruf/2012-04/chefsache-unternehmenswerte, Abruf am 03.02.2015

Institut für Mittelstandsforschung Bonn (2014): KMU Anteile 2012 in Deutschland nach der Definition des IfM Bonn. URL: http://www.ifm-bonn.org/statistiken/ unternehmensbestand/#accordion=0&tab=0, Abruf am 15.11.2014

Institut der deutschen Wirtschaft (o.J.): Flexible Arbeitszeitmodelle, Attraktiver dank flexibler Arbeitszeiten. URL: http://www.kofa.de/handlungsempfehlungen/fachkraefte-binden/flexible-arbeitszeitmodelle, Abruf am 22.01.2015

Institut für Mittelstandsforschung Bonn (o.J.a): Volkswirtschaftliche Bedeutung der KMU. URL: http://www.ifm-bonn.org/statistiken/mittelstand-im-ueberblick/ - accordion=0&tab=0, Abruf am 15.11.2014

Institut für Mittelstandsforschung Bonn (o.J.b): Mittelstandsdefinition. URL: http://www.ifm-bonn.org/mittelstandsdefinition/, Abruf am 15.11.2014

Institut für Mittelstandsforschung Bonn (o.J.c): KMU-Definition der Europäischen Kommission. URL: http://www.ifm-bonn.org/mittelstandsdefinition/definition-kmu-der-eu-kommission/, Abruf am 16.11.2014

Institut für Mittelstandsforschung Bonn (o.J.d): KMU-Definition des IfM Bonn. URL: http://www.ifm-bonn.org/mittelstandsdefinition/definition-kmu-des-ifm-bonn/, Abruf am 16.11.2014

Institut für Mittelstandsforschung Bonn (o.J.e): Familienunternehmen – Definition des IfM Bonn. URL: http://www.ifm-bonn.org/mittelstandsdefinition/definition-familienunternehmen/, Abruf am 18.11.2014

von Richthofen, C. (2008): Mitarbeiterbindung – Damit Know-how und Erfahrung nicht abwandern. URL: http://www.frankfurtmain.ihk.de/branchen/wirtschaftsberatung/ personalberatung/personalmanagement/mitarbeiterbindung/, Abruf am 05.02.2015

Rodenstock, R. (2014): Mitarbeiter richtig führen – Von einer guten Führungskultur profitieren alle. URL: http://www.focus.de/finanzen/experten/randolf_rodenstock/mitarbeiter-richtig-fuehren-von-einer-guten-fuehrungskultur-profitieren-alle_id_4046900.html, Abruf am: 11.01.2015

UBGM (o.J.): Betriebliches Gesundheitsmanagement – Übersicht zu Aufgabe, Zielen und Aufbau eines Betrieblichen Gesundheitsmanagements . URL: http://www.gesundheitsmanagement24.de/praxiswissen-gesundheitsmanagement/betriebliches-gesundheitsmanagement/, Abruf am 08.02.2015

Wolf, Y. (2010): Vertrauensarbeitszeit. URL: http://arbeitgeber.monster.de/hr/personal-tipps/personalmanagement/organisation-controlling/vertrauensarbeitszeit-zwei-71326.aspx, Abruf am 14.01.2015

Über den Autor

Dennis Julius Broich, B.A., wurde 1980 in Neuss geboren. Nach seiner Ausbildung zum Groß- und Außenhandelskaufmann war er in verschiedenen kleinen und mittleren Unternehmen tätig. Im April 2015 schloss der Autor sein berufsbegleitendes Studium mit dem akademischen Grad des Bachelors erfolgreich ab. Sowohl während seiner beruflichen Tätigkeiten als auch während der Studienzeit sammelte der Autor umfassende praktische Erfahrungen im Management von KMU und damit verbunden auch im Personalbereich. Diese positiven und negativen Erfahrungen sowie der direkte Einfluss der Unternehmen motivierten den Autoren, sich mit der Mitarbeiterbindung innerhalb von KMU detaillierter auseinanderzusetzen.